Mein Hund und ich

Gebrauchshundeausbildung artgerecht, praxisnah und erprobt

Anton Blome

KYNOS VERLAG

© 2003 KYNOS VERLAG
Dr. Dieter Fleig GmbH
Am Remelsbach 30
D-54570 Mürlenbach/Eifel
Telefon: 06594/653
Telefax: 06594/452
Internet: http://www.kynos-verlag.de

Titelbild und Rücktitel: aus Sheila Rankin u.a. »Das große Buch vom Deutschen Schäferhund«, Kynos Verlag

Gesamtherstellung: Druckerei Anders GmbH, 54595 Niederprüm

ISBN 3-933228-61-1

Inhaltsverzeichnis

Inhaltsverzeichnis

DER AUTOR

- Geboren am 16.01.1926 in Darmstadt. Berufsausbildung zum Vermessungstechniker.

- Seit 1960 Mitglied im Verein für Deutsche Schäferhunde.

- Teilnahme an neun Landesgruppen-Ausscheidungsprüfungen.

- Teilnehmer an zwei Bundessieger-Prüfungen, jeweils als bester hessischer Teilnehmer.

- 1970 Wahl zum Sport- und Jugendwart der Landesgruppe Hessen Süd (bis 1981). In der Zeit bis 1973 wuchs die Zahl der jugendlichen Vereinsmitglieder von 92 auf 428.

- 1972 Berufung zum Richter für Leistungsbeurteilung.

- 1977 Berufung zum Lehrrichter für Leistungsbeurteilung.

- Seit 1983 Träger des WUSV-Sportabzeichens (WUSV Stufe 2), die höchste Auszeichnung für einen Hundeführer in der Weltunion der Schäferhund-Vereine.

- Von 1977 bis Ende 1982 Leiter vieler Seminare und Referent über Erziehung und Ausbildung in etwa 15 Clubs der USA und Schutzhunde-Clubs in Kanada. Auch als Leistungsrichter war er in diesen Clubs gefragt und vom SV mit der Ausbildung dortiger Anwärter für Leistungsrichter beauftragt.

- 1993 beendete er aus gesundheitlichen Gründen seine Tätigkeit für den Verein für Deutsche Schäferhunde und wurde zum Ehrenrichter des Vereins ernannt.

Vorwort Anton Blome

Ein Buch für Schäferhunde-Besitzer? Nicht nur, auch wenn ich persönlich mich dieser Rasse besonders verbunden fühle. Ich hoffe, dass dieses Buch auch Liebhabern anderer Rassen oder sogar Mischlingen Hilfe leisten kann.

Mit dem Deutschen Schäferhund hatte ich von Kindesbeinen an Kontakt. Ich bin mit dieser Rasse aufgewachsen, da mein Vater sich seit etwa 1933 bis zum Kriegsende 1945 als Züchter dieser Rasse betätigte. Ich lernte den Umgang mit diesen Tieren schon als siebenjähriges Kind kennen und schätze ihren Charakter und ihr Wesen, das bei gesunder Zucht und korrekter Erziehung besser ist als ihr Ruf.

Leider gibt es immer wieder Menschen aus dem Kreis der öffentlichen Medien, die mit unqualifizierten Aussagen unsere Schutz- und Gebrauchshunde schlecht machen, sie sogar als Killer bezeichnen. Entstehen Unfälle mit unserem Haushund, dann ist die Schuld zu 99 % beim Menschen zu suchen und nicht beim Hund: Sein Halter hat es nicht verstanden, ihn richtig zu erziehen und in die Gemeinschaft - erst die Familie und dann im weitesten Sinne in seine Umwelt - zu integrieren.

In ihrem Artverhalten gestörte Hunde sind oft die Ursache eines Unfalles.

Dieses Buch soll zum Nachdenken anregen. Es soll all denen helfen, die sich mit dem Hund beschäftigen und ihn lieben. Ohne Liebe zum Tier, das muss gesagt werden, sollte sich kein Mensch überhaupt ein Tier anschaffen. Man muss wissen, dass der Aufwand an Zeit für den Hund erheblich ist, ähnlich dem Erziehen und Versorgen eines Kindes.

Ich habe mir die Aufgabe gestellt, für alle zu schreiben - für den Laien, wie für den Fachmann.

Alle, die mein Buch lesen, werden das Gelesene auch verstehen, denn ich vermeide es, Fremdwörter zu gebrauchen.

Was nützt ein Buch, das vorwiegend aus Fremdwörtern besteht, und der Leser ein Lexikon benötigt um das Gelesene zu verstehen.

Die Erziehung ist der wichtigste Faktor unserer Haushunde, gleich welcher Rasse und für welchen Zweck die spätere Ausbildung erfolgen soll. Auch kleine und mischrassige Hunde sind im ausbildungsfähigen Alter zu guten Gebrauchshunden, sei es zu Jagd-, Rettungs- und Bergungs- oder zu Lawinensuchhunden ausgebildet worden. Auch im Breitensport mit dem Hund, wie zum Beispiel bei Agility-Prüfungen, kann man dies feststellen. Man merke sich: Ohne artgerechte Erziehung ist die spätere Ausbildung, auch zum Schutz- und Gebrauchshund, in Frage gestellt.

Die Voraussetzung zur Ausbildung zum Rettungs- und Bergungshund sowie zum Lawinensuchhund bleibt die gute Erziehung und die Förderung der Nasenveranlagung. Die Ausbildung der Unterordnungsleistungen für die VPG 1 Prüfung darf nicht vernachlässigt werden, denn diese Schulungsarbeit ist erforderlich, um die Rettungs- und Tauglichkeitsprüfung bestehen zu können. Für den Lawinensuchhund gelten die gleichen Bedingungen. Aus diesen Gründen behandele ich in meinem Buch auch intensiv die Ausbildung zum Schutz- und Gebrauchshund.

Ferner möchte ich es an dieser Stelle nicht versäumen, allen, die mich bei der Erstellung meines Buches unterstützt haben, herzlichst zu danken.

Anton Blome

Nachsatz des Verlages: Der Autor Anton Blome verstarb kurz nach Einreichen seines Manuskriptes im Januar 2003, zwar gezeichnet von langer Krankheit, aber dennoch für alle überraschend. Wir hoffen, mit der Veröffentlichung seines Buches etwas zu seinem Gedenken beitragen zu können.

Mürlenbach, im März 2003

Anton Blome in einem Trainings-Zeltlager, 1977

Vorwort des Verlages

Die Gebrauchshundeausbildung mit ihren Unterabteilungen Fährtenarbeit, Unterordnung und Schutzdienst ist, zumindest in Deutschland, die »Urdisziplin« des Hundesports und trotz aller Konkurrenz durch neue Sportarten wie Agility, Obedience & Co. auch - zumindest zahlenmäßig - immer noch die beliebteste.

In beinahe jedem kleineren Städtchen findet sich ein Hundesportverein, auf dessen Übungsplatz sich die Gleichgesinnten regelmäßig treffen. Waren es früher fast ausschließlich Deutsche Schäferhunde, die in diesem Sport eingesetzt wurden, so hat sich heute die Palette der Gebrauchshunde um viele andere Rassen wie z.B. den Airedale Terrier, Riesenschnauzer oder Boxer - um nur einige zu nennen - erweitert.

Viel ist schon darüber geschrieben worden, wie man den Hund am besten für diesen Sport ausbildet - früher sagte man »abrichtet«, ein Begriff, der sicher nicht zu Unrecht etwas aus der Mode gekommen ist. Warum also noch ein Buch über bereits Altbekanntes?

Weil der Autor nicht nur eine enorme, jahrzehntelange Erfahrung als Ausbilder und Richter auf diesem Gebiet hat, sondern vor allem, weil er neue Denkansätze und Möglichkeiten für die Ausbildung aufzeigt. *»Mein Hund und ich«* - dieser Titel für sein Buch war ihm ganz besonders wichtig, und zwar genau in dieser Reihenfolge: erst der Hund, dann ich. Das sagt, so meinen wir, doch alles Wichtige über seine Grundeinstellung aus. Nie war der Hund für ihn bloßes Sportgerät, das man »abrichtet«, damit es anschließend »funktioniert«. Für ihn war der Hund vor allem Freund und Partner, ein Lebewesen, das man mit seinen Eigenarten respektiert und das man zur freudigen Zusammenarbeit motivieren kann, anstatt seinen Willen zu brechen. Gerade dieser Respekt vor dem Lebewesen, die Liebe zum Tier ist es, die leider nur allzu oft auf der Strecke bleibt, wenn der Kampf um Punkte und Auszeichnungen, der Ehrgeiz zu siegen ins Spiel kommt. Anton Blome hat solche Missstände stets scharf verurteilt und größten Wert auf eine artgerechte Früherziehung gelegt, auf der sich später dann beinahe mühelos und spielerisch weiter aufbauen lässt.

Vor allem die Schutzhundeausbildung ist heute sehr in die Diskussion gekommen. Viele halten sie a priori nicht für artgerecht, ja für gefährlich. Wer das Buch von Anton Blome liest, dem wird klar: Gefährlich wird es immer erst dann, wenn ohne Sachverstand und vor allen Dingen ohne Verständnis für das Hundeverhalten vorgegangen wird. In diesem Sinne muss man sicherlich auch kritisch anschauen, was in so manchem Hundesportverein getrieben wird, denn auch die vermeintlichen Profis sind leider nicht immer wirklich welche. Hellhörig werden sollte man spätestens dann, wenn man zu hören bekommt »Das macht man eben so« oder »Das war schon immer so« ...

Dagegen hilft nur eine Medizin: Sich weiterbilden, lesen, hinterfragen, das »Warum« verstehen wollen.

Dazu soll Ihnen das Buch von Anton Blome, so unser Wunsch, ein paar wertvolle Anregungen geben.

Kynos Verlag
Mürlenbach, im Frühjahr 2003

Erklärungen zu den Abkürzungen

VPG 1, 2, 3	=	Vielseitigkeitsprüfung für Gebrauchshunde (Frühere Bezeichnung SchH 1, 2, 3 - Schutzhundprüfung 1 ,2, 3)
PO	=	Prüfungsordnung
HF	=	Hundeführer
Hz	=	Hörzeichen
FH	=	Fährtenhundprüfung

Die Grundlagen

Nach den Erkenntnissen des bekannten Verhaltensforschers Eberhard Trumler sind vier Phasen im Leben unseres Hundes die wichtigsten: sie beginnen am ersten Tag im Leben eines Welpen und enden etwa nach Vollendung der sechzehnten Woche, sind aber bestimmend für sein Wesen und sein Verhalten während seines gesamten Lebens.

Es sind dies:

1. Die vegetative Phase

2. Die Prägungsphase

3. Die Sozialisierungsphase

4. Die Rangordnungsphase

Es folgen nun meine Erklärungen zu den von Eberhard Trumler erkannten Lebensphasen und deren Nutzung zur Erziehung und Ausbildung.

1. DIE VEGETATIVE PHASE

- von der ersten bis etwa Ende der dritten Woche -

Als vegetative Phase bezeichnet Eberhard Trumler die Zeit, in der der gesamte Bewegungsablauf, die organische Tätigkeit wie Atmung und Herztätigkeit, die Suche nach der Nahrungsquelle, die Nahrungsaufnahme und der Stoffwechsel des Welpen über das zentrale Nervensystem gesteuert werden, das heißt, dass all dies - in menschlichem Sinne - ohne eigenes Wollen geschieht, ohne Lenkungen durch logische Überlegungen.

2. DIE PRÄGUNGSPHASE

- von der vierten bis etwa Ende der siebten Woche -

Die Prägungsphase ist die Zeit, in der der Welpe bereits seine Umwelt mit fast voll entwickeltem Seh- und Gehörvermögen wahrnimmt und engen Kontakt mit seinen Artgenossen (Muttertier und Welpengeschwister) sowie zu dem Züchter und dessen Familienmitgliedern hält. Auch beginnt er, in Bruchteilen einer Sekunde negative und positive Einflüsse in der Gehirnrinde zu speichern.

3. DIE SOZIALISIERUNGSPHASE

- von der achten bis etwa Ende der elften Woche -

Als Sozialisierungsphase bezeichnet man den Zeitpunkt, zu dem der Welpe sich in seiner neuen Umgebung, der »gemischten Meute« Mensch-Hund, eingliedern und integrieren muss, ohne dabei Schaden zu nehmen. In dieser Zeit ist er besonders lernfreudig.

4. DIE RANGORDNUNGSPHASE

- von der zwölften bis etwa der sechzehnten Woche -

Die Rangordnungsphase ist dadurch geprägt, dass der Welpe während dieser Zeit in seiner Meute die ihm zugedachte Rangordnung von seinem »Meuteführer«, dem Menschen, zugewiesen erhält, ohne dabei zu fühlen, dass dies bereits der erste Schritt zur Ausbildung ist. Autoritäre Erziehung mit artgebundenen Strafen wird anerkannt, Strafe und Lob müssen in ausgewogenem Verhältnis zueinander stehen

ZU 2. DIE PRÄGUNGSPHASE

Nach Trumler endet die Prägungsphase etwa in der siebten Woche. Meine Erfahrung hat mich aber gelehrt, dass die Prägung bei einem Besitzerwechsel immer wieder aufs Neue beginnt. Der Hund wird durch seinen neuen Halter und die neuen Umwelteinflüsse zu einer erneuten Phase der Prägung gezwungen, wobei die Grundprägung im Welpenalter nicht verloren geht.

Verlauf der Prägungsphase

Die Prägungsphase ist die wohl wichtigste Zeit, da sich in diesen Wochen die ersten Eindrücke, die der Welpe von seiner Umwelt erhält, fest in seinem Gedächtnis verankern. Diese Umwelteindrücke, die er im negativen wie im positiven Sinne aufnimmt, bestimmen sein Verhalten für das ganze Leben. Der Züchter sollte es daher nicht versäumen, dem Käufer eines Welpen die Möglichkeit zu geben, schon während der Prägungsphase mit dem Welpen Kontakt aufzunehmen. Er hat so die Möglichkeit, dem späteren Halter des Welpen Ratschläge über die Erziehung und die Fütterung zu geben. Damit erfolgt eine bessere Prägung auf den neuen Halter des Welpen.

So manche Welpen, die von der Blutlinie her die besten Veranlagun-

gen hatten, wurden in dieser Zeit durch mangelhafte Sorgfalt im Umgang, beim Reinigen der Zwinger oder beim Füttern verdorben. Es entstanden anerzogene Wesensschäden, die mit der Vererbung nichts zu tun hatten.

Ein Beispiel: Eine Hündin mit allen Vorzügen in Bezug auf Zucht und Leistung - mit einwandfreiem Wesen also - hat einen sehr guten Wurf, und auch die Welpen zeigen die gewünschten Veranlagungen von Mutter und Vater.

Die Hündin wird nun zu einem anderen Züchter in Zuchtmiete gegeben. Während der Zeit des Eingewöhnens bellt die Hündin nachts anhaltend. Um dies zu verhindern, wird sie mit einem Eimer Wasser übergossen, und sie weicht in die Hütte aus. Dreimal wiederholt sich dieser Vorgang.

Die Folge: Immer, wenn eine Person mit einem Eimer vor dem Zwinger erschien, lief sie in ihre Hütte. Diese Hündin wurde nun zur Wurfwiederholung mit dem gleichen Rüden gepaart, und man erhoffte sich den gleichen Erfolg bezüglich des Nachwuchses. Aber es geschah Folgendes: Die Welpen kamen in die Prägungsphase und immer, wenn der Züchter mit seinem Eimer Futter an den Zwinger kam, lief die Hündin in die Hütte und die Welpen hinterher. Sie hatten das Verhalten der Mutter übernommen. Auch später zeigten sie dieses Verhalten, wenn eine Person an den Zwinger kam und einen größeren Gegenstand in der Hand trug. Dies belegt den anerzogenen Wesensmangel während der Prägungsphase durch das Verhalten des Muttertieres, bedingt durch eine falsche Erziehungsmethode des Menschen am Muttertier.

ZU 3. DIE SOZIALISIERUNGSPHASE

Die Sozialisierungsphase ist die Zeit, in der der neue Halter sich intensiv mit seinem Schützling beschäftigen muss. Die Erziehung eines Welpen in der Hundemeute ist autoritär! Deshalb müssen auch wir versuchen, die Erziehung so zu gestalten, wie sie der Welpe von seinen erwachsenen Artgenossen her kennt: Die artgebundenen Strafen sind keine Schläge, sondern Knurrlaute in bestimmten Tonhöhen und Bisse.

Man kann die Hundesprache grob in zwei Tonhöhen unterteilen: In hohe und tiefe Töne. Wer sich schon einmal die Mühe gemacht hat, die Lautgebung seines Hundes zu erforschen, wird festgestellt haben, dass die hohen Töne Schmerz- oder Freudenlaute sind, die tiefen Töne hingegen Groll- oder Wolllustlaute darstellen. Beide Lautäußerungen - die hohen und auch die tiefen - sind von uns gut zu erkennen und zu verstehen. Wenn das Muttertier eine härtere Strafe eines Welpen vornimmt, »beißt« sie ihm beispielsweise von oben über den Fang, man nennt dies auch den »Schnauzengriff«. Dies sind artgebundene Strafen, wie sie in der echten Meute - von Hunden - angewandt werden. Aus diesem Grund sollten wir, wenn wir unseren Hund strafen müssen, nur artgebundene Strafen anwenden, denn diese Strafen trägt uns unser Hund nicht nach, aber er merkt es sich für die Zukunft.

Vier Vorbedingungen:
Der Welpe, der sich in seiner neuen Umgebung zurechtfinden muss, sieht in den meisten Fällen nur den Menschen. Er betrachtet uns, wenn er richtig auf den Menschen geprägt wurde, als einen neuen Meutegefährten: Mensch und Hund als »gemischte Meute«.

Wir haben nun die Aufgabe, dem Welpen das Spiel mit seinen Wurfgeschwistern zu ersetzen. Dieses Spiel ist ein Kampfspiel und ab und zu auch schmerzvoll. Richtig angewandt, dient es der Erziehung und nützt später der Ausbildung. Ich habe bei diesem Spiel auch die Möglichkeit, dem Welpen alle Stellungen, die der Mensch einnehmen kann, beizubringen: Auf die Erde legen, hinsetzen und so weiter. Der Welpe erkennt sehr schnell, dass der auf der Erde liegende Mensch keine Schwäche zeigt und ihm nicht unterlegen ist. Sollte später, während der Ausbildung, der Hundeführer oder der Helfer im Schutzdienst stürzen, wird der Hund nicht schreckhafter oder aggressiver reagieren, als wir es von ihm gewöhnt sind.

Nicht nur der Welpe, sondern auch später der ausgewachsene Hund, benötigt, um gesund zu bleiben (nicht nervös zu werden) 16 bis 18 Stunden Ruhe. Ich spreche nicht von Schlafen, sondern bewusst vom Ruhen, denn der Hund schläft nie so fest wie wir. Auch dieses Verhalten ist für die Erziehung nützlich. Mehr hierzu unter »Weitere Hinweise zur Erziehung«.

Strafen sind nur dann sinnvoll,

- wenn man überzeugt ist, dass der Welpe oder erwachsene Hund die Strafe verstehen kann. Man sollte daher den Grund des fehlerhaften Verhaltens des Welpen erst bei sich selbst suchen und nicht beim Tier.
- wenn sie sofort erfolgen. Später kann sie der Hund nicht mehr verstehen. Er weiß nicht, warum er gestraft wird. Im Gegensatz zum Menschen kann der Hund nicht logisch und konstruktiv denken. Dieser Umstand ist es, dass der Mensch durch seine Intelligenz dem Hund überlegen ist und so seine »Macht« nutzen kann. Das heißt, er kann den Hund nicht durch körperliche Kraft beeinflussen, sondern nur durch seine Intelligenz überlisten und ihn auf diese Weise zum unbedingten Gehorsam erziehen. Strafen, die aus Unbeherrschtheit erfolgen, müssen unterbleiben. Der unbeherrschte Hundeführer erzieht seinen Hund zum Duckmäuser und wird später bei den erforderlichen Leistungsprüfungen immer schlecht abschneiden.

ZU 4. DIE RANGORDNUNGS-PHASE

Während der Rangordnungsphase wird es kaum nennenswerte Änderungen der Erziehung geben. Aber der nun schon drei Monate alte Welpen ist stärker, lebhafter und in seinem gesamten Verhalten übermütiger geworden. Er zwingt dazu, ihm die ganze Aufmerksamkeit entgegenzubringen, an seinem Spieltrieb teilzunehmen. Er sieht in dem Menschen einen Meutegefährten, den er zum Spielen benötigt. Aufgabe ist es deshalb, diesen übermütigen Welpen in seinem Spiel zu unterstützen, aber so, dass er - ohne es zu merken - durch uns im Spiel geleitet wird und nicht er uns leitet! Daher ist es sinnvoll, im rechten Augenblick autoritär durchzugreifen und, wenn erforderlich, ihn mit tiefer, drohender Stimme zurechtzuweisen.

Sollte eine härtere Strafe nötig sein, kann der Schnauzengriff angewendet werden: Man umfasst den Fang des Welpen von oben mit einer Hand und hält so kurz fest. Das Muttertier hat diese Art der Strafe bei ihm von klein auf angewandt. Der Welpe ist daran gewöhnt und nimmt es nicht übel.

Schläge hingegen, auch die mit der zusammengerollten Zeitung, sind zu unterlassen. Sie sind nicht artgerecht, der Welpe wird handscheu. Denn für ihn ist die gerollte Zeitung in jedem Fall der verlängerte Arm des Menschen! Was ich unter »Macht« verstehe, habe ich bereits erklärt. Ich muss aber an dieser Stelle nochmals auf diesen Begriff eingehen. In der Rangordnungsphase gilt es, »Macht« über den Welpen zu gewinnen. Nicht durch unsere Kraft, sondern durch geschicktes Überlisten. Der Welpe muss erkennen, wer der Meuteführer ist. Gelingt das nicht, wird sich der Welpe seinen Meuteführer in der Familie selbst suchen oder er wird dazu übergehen, selbst Meuteführer zu spielen und die ganze Familie zu terrorisieren. Ein solches Tier stellt dann eine Gefahr dar und kann meist in dieser Familie nicht weiter gehalten werden.

Menschen, die die Fähigkeit zur Erziehung eines Hundes nicht mitbringen oder nicht gewillt sind, dies zu erlernen, sollten sich nie einen Schutz- oder Gebrauchshund anschaffen. Gelingt es aber, dem Welpen seine Rangordnung in der Familie zuzuweisen, dann ist er ein treuer und zuverlässiger Hund, gewillt, sich für uns einzusetzen, wenn es von uns gefordert wird, oder wenn er selbst erkennt, dass der Mensch seine Unterstützung braucht.

WEITERE HINWEISE ZUR ERZIEHUNG

Warum die Erziehung eines Welpen spätestens bis zum fünften Monat abgeschlossen sein muss, werden Sie aus den folgenden Erklärungen verstehen:

Der Hund erreicht seine körperliche Reife viel schneller als der Mensch. Ab dem sechsten bis achten Monat etwa ist der Rüde bereits zeugungsfähig. Die Hündin kann im sechsten Monat schon in die erste Hitze kommen und belegt werden. Beim Menschen ist dies, mit Ausnahmen, erst im Alter von zehn bis zwölf Jahren möglich. Die körperliche Reife beim Menschen erfolgt also viel später.

Hieraus wird ersichtlich, dass der Hund im Alter von sechs Monaten unseren Kindern um mehr als zehn Jahre voraus ist. Die Kinder sind ab dem sechsten Lebensjahr schulpflichtig, und die Erziehung muss bis zum vierten Lebensjahr abgeschlossen sein, da sonst die Einschulung nicht gewährleistet ist. Die Gründe hierfür sind im Aufbau des menschlichen Gehirns zu suchen. Unser Gehirn hat zum Beispiel extra für die Sprache das Sprachzentrum. Das Zentrum, das uns befähigt, im Voraus logisch zu denken und zu planen, ist das Denkzentrum.

Dem Hund ist dies nicht möglich, da in seinem Gehirn diese Zentren nicht vorhanden sind. Der Hund kann nicht logisch und konstruktiv denken und handeln. Die Intelligenz des Menschen ist es, die uns dem Tier gegenüber überlegen macht und uns befähigt, das Tier zu beherrschen. Diese Tatsachen müssen bei der Erziehung des Welpen berücksichtigt werden. Denn all das, was ich bis zum vierten oder fünften Monat während der Erziehung oder im Spiel an Verständigung erreiche, vergisst der Hund nie. Er kann, wenn ich meine Intelligenz nutze, bis zum Ende der Rangordnungsphase alle Hörzeichen, die uns die PO (Prüfungsordnung) vorschreibt, erlernt haben. Für die später beginnende korrekte Ausbildung ist dies ein großer Vorteil.

Zu erwähnen ist noch, dass der Hund in jedem Falle den Weg des geringsten Widerstandes geht, sehr gut beobachten kann und jede unserer Schwächen zu seinem Vorteil nutzt. Wir hingegen müssen wieder beobachten lernen, wenn wir die Schwächen unseres Hundes erkennen und zu unserem Vorteil nutzen wollen. Erziehung ist immer nur möglich, wenn eine Vertrauensbasis geschaffen wurde. Dieses Vertrauen ist das Rezept des Erfolges, wenn es auf Gegenseitigkeit beruht und durch nichts zu erschüttern ist.

Natürlich möchte jeder auch möglichst schnell einen sauberen und gehorsamen Welpen haben, den er in der Wohnung halten kann. Hierfür gibt es ein paar einfache Regeln:

- Stubenreinheit wird schnell erreicht, wenn der Welpe nach dem Schlafen und nach dem Fressen sofort ausgeführt oder in den Hof getragen wird.

- Nach Möglichkeit sollte man ihn auch während des Tages beim Spielen beobachten und sofort, wenn er sich zur Notdurft niedersetzen will, im Nackengriff ins Freie befördern.

Hörzeichen zum Erlernen des Gehorsams sind die Worte »Sitz«,»Platz«, »Hier« und noch einige andere, die uns die Prüfungsordnung vorschreibt und dort nachzulesen sind. Wir müssen dem Hund das Hinsetzen oder das Platzmachen nicht beibringen, er kann das alles schon von Natur aus. Was er nicht kennt, ist unsere Sprache. Wir müssen also versuchen, Verständigung aufzubauen.

Eberhard Trumler schrieb bereits vor über zwanzig Jahren in seinem Buch »Mit dem Hund auf Du«, dass der Welpe von der achten bis zwölften Woche im Spiel seine beste Lernbefähigung hat.

Ich habe dies mit verschiedenen Welpen mit Erfolg erprobt. Hat sich ein Welpe bei mir zu Hause zum Ruhen niedergesetzt oder sich hingelegt, bekam er von mir, zu der vom Welpen bereits ausgeführten Stellung, das hierzu passende Hörzeichen »Sitz« oder »Platz«. Außerdem wurde er ausgiebig gelobt und bekam einen guten Happen Futter. Nach vierzehn Tagen wussten die Welpen, welche Bedeutung die Worte hatten und führten die von mir gewünschten Übungen aus, ohne eine Übung zur Unterordnung erlernt zu haben. Und sie werden diese Hörzeichen stets freudig ausführen! Nach einer Übung nützt auch ein Spiel mit dem Ball als Belobigung.

Grundsätzlich muss die Erziehung so erfolgen, dass der Übergang zur Ausbildung für den Welpen unmerklich geschieht. Ferner ist es wichtig, dass der Welpe beim Spazierengehen die Gelegenheit bekommt, sich frei zu bewegen. Ohne diese Freiheit kann ein Welpe den von uns gewünschten Gehorsam nicht erlernen. Sollte ein junger Hund seinen Gehorsam nicht sofort befolgen, dann vermeiden Sie es, dem Welpen nachzugehen. Gehen Sie in die entgegengesetzte Richtung, verstecken sich, geben erneut das Hörzeichen zum Herankommen: »Hier«.

Beobachten Sie Ihren Hund, und Sie werden überrascht sein. Er sucht Sie und kommt. Jetzt müssen Sie ihn loben und eine kleine Futtergabe reichen. Haben Sie das getan, werden Sie erleben, wie aufmerksam Ihr Welpe sich verhält und führiger wird. Ist der Welpe noch nicht so schnell und Sie können ihm folgen, dann gehen Sie ihm nach, verwenden den beschriebenen Schnauzengriff, schimpfen mit ihm und lassen ihn wieder los. Im Anschluss danach gehen Sie rückwärts, rufen ihn mit dem Hörzeichen »Hier«, zeigen dabei ein Futterstückchen und warten, bis er kommt. Hat er seinen Gehorsam gezeigt, muss er nach der Futtergabe unbedingt ausgiebig gelobt werden. Lob und Tadel müssen immer in einem ausgewogenen Verhältnis zueinander stehen.

DAS WELPENSPIEL

Das Welpenspiel ist ein Kampfspiel, und der Welpe lernt dabei, seine Muskeln und Zähne einzusetzen. Wer einen Welpen kauft, hat auch die Verpflichtung, dem Welpen das Spiel mit den Wurfgeschwistern zu ersetzen. Wichtig ist, dieses Spiel artgerecht zu gestalten, um Fehler beim Spiel mit dem

Welpen auszuschließen. Dieses Welpenspiel, das in der Zeit der Sozialisierungsphase beginnt, geht auch in die Rangordnungsphase über, um das Vertrauen zwischen Hund und Hundeführer zu stabilisieren, die Freude am Gelernten aufrecht zu erhalten und darüber hinaus die von Natur aus nicht erwünschten Eigenschaften, wie den Jagdtrieb, das Jagen von Mäusen und Wild, das Aufnehmen von Wildfährten, abzugewöhnen. (Ein Schutz- und Gebrauchshund taugt nur die Hälfte, wenn er bei der Nasenarbeit auf Wildfährten überwechselt). Bis zum vierten Monat gelingt dies am besten, da ich zu diesem Zeitpunkt dem Welpen noch folgen und zur Strafe den Schnauzengriff mit dem dazu gehörenden Hörzeichen »Aus« verwenden kann.

Das Spiel mit dem Welpen erfordert ferner, dass ich für den Welpen geeignetes und immer erreichbares Spielzeug bereithalte. In der Spielkiste sollten ein kleiner Jutesack zum Raufen, ein rundes Stück Hartholz und ein Ball nicht fehlen. Dass diese Spielzeuge hinsichtlich ihrer Größe auf das Alter des Welpen abgestimmt sein müssen, versteht sich von selbst. Wenn ich meinem Welpen das Spiel mit seinen Artgenossen richtig ersetze, wird er mich sehr schnell als neuen Artgenossen betrachten und zum Spielen auffordern. Den Ball, ein Spielzeug das so viel Bewegung beinhaltet, wird er freudig zum Spielen benutzen. Er erlernt dann bereits in diesem Alter sehr rasch das Bringen von Gegenständen, wenn er erkannt hat, dass der weggeworfene Gegenstand, den er holt und wieder zurückbringt, erneut als »Beute« in seinen Besitz kommt.

Beim Spielen mit Artgenossen ist immer darauf zu achten, dass sie unterschiedlichen Geschlechts sind. Im vierten Monat befinden sie sich auch in der Zahnung, und sehr schnell kommt bei den Welpen die Zeit, die wir Pubertät nennen. Die jungen Hündinnen, wie auch die Rüden, spielen noch friedlich miteinander, aber der geringste Anlass reicht aus für einen Rivalenstreit. Dies müssen wir vermeiden! Wenn einer der beiden Streithähne noch etwas jünger ist, wird er möglicherweise auch der Unterlegene sein. Es bedeutet ferner, dass er kein Erfolgserlebnis hatte, er wurde in seinem Selbstvertrauen geschwächt, und es ist möglich, dass diese Unterlegenheit sein Kampfverhalten bei der späteren Arbeit mit dem Helfer im Schutzdienst beeinflusst.

Wenn der Hundeführer mit seinem Welpen spielt und rauft - zum Raufen den Jutesack - wird er auch gefordert, aber er lässt ihm immer das Gefühl des Sieges. Er überlässt ihm den Sack und bestätigt ihm damit seinen Erfolg. So mancher Hundeführer hatte schon solche Erlebnisse, und er hat sich gefragt, wo die Schwäche seines Hundes herkommt. Aus diesem Grund sage ich: Der Hundeführer sollte versuchen, seinen Welpen so zu erziehen, dass er ihm vollkommenes Vertrauen entgegenbringt. Dieses Vertrauen muss aber auf Gegenseitigkeit beruhen! Der Hund muss voll auf Sie als Meuteführer bezogen sein. Nur so sind spätere Erfolge bei Prüfungen und Wettkämpfen möglich, da der erzogene und ausgebildete Hund freudig mit seinem Hundeführer zusammen arbeitet.

Diese Art der Erziehung zur Ausbildung - vom Spielerischen nahezu übergangslos zur korrekten Arbeit - ist aber nur sinnvoll, wenn Folgendes berücksichtigt wird:

Kaufen Sie einen Hund nur bei einem Züchter, der als Kenner der Rasse, der Vererbungslehre und der Aufzucht bekannt ist, das heißt, bei einem verantwortungsbewussten Züchter und nicht bei einem Hundehändler oder Hundevermehrer.

Wenn Sie das bis jetzt Geschriebene gelesen und überdacht haben, erkennen Sie, dass ich versucht habe, der Erziehung den Stellenwert zu geben, der ihr zusteht.

Die Ausbildung ohne vorherige Erziehung zu betreiben, ist falsch. Der Hund steht dann schon in einem Alter zwischen dem achten und zwölften Monat und ist nur noch unter einem gewissen Zwang zu den geforderten Übungen zu bewegen.

Dieser Zwang wird dem Hund aber nicht die Freude geben, die er bei der Arbeit zeigen soll. Er wird bei allem, was er tut, gezwungen und gedrückt wirken.

Fährten- oder Nasenarbeit

Bevor mit der Nasenarbeit des Hundes begonnen wird, noch ein paar Anmerkungen: Der Hund ist ein »Nasentier«, da sein Geruchssinn das Sehvermögen und auch das Gehör bei weitem überragt. Diese Veranlagung ist es, die es dem Hund ermöglicht, sich zu jeder Jahreszeit, bei Hitze, Regen oder Schnee, seine Nahrung zu beschaffen. Man spricht von Signalreizen, die ihn veranlassen, seine Nase zu gebrauchen.

Erster Signalreiz ist das Hungergefühl, der zweite Signalreiz das Aufnehmen einer Wildfährte. Dritter Signalreiz ist der Haschtrieb, wenn die Fährte erfolgversprechend wird. Sieht der Hund seine Beute, tritt als vierter Signalreiz der Beutetrieb ein, als fünfter das Würgen der Beute, als sechster und siebter das Reißen und Fressen der Beute. Man könnte fortfahren mit Wassertrinken und schließlich Ruhen. So ist der Kreis geschlossen.

Wichtig für die Fährtenarbeit ist also:

Der Hund muss hungrig sein. Er muss lernen, was das Hörzeichen »Such« bedeutet und begreifen: Jetzt muss ich meine Nase gebrauchen. Nach getaner Arbeit muss ich dem Hund sein Erfolgserlebnis geben, auch wenn sie noch nicht so zufriedenstellend ausgefallen ist.

Also lobe ich ihn und spiele mit ihm, sonst wird er lustlos und nach kurzer Zeit nicht mehr bereit sein, das von ihm Geforderte zu leisten.

Wenn ich bei der Arbeit in der Fährte die Verhaltensforschung berücksichtigen müsste, würde das zu einer Verunsicherung führen, denn die Meinungen sind unterschiedlich.

Der eine sagt: Beginne mit dem jungen Hund die Fährtenarbeit gegen den Wind. Der Hund hätte es dann leichter, die Witterung aufzunehmen. Der andere behauptet, man müsse mit dem Wind beginnen, sonst würde der junge Hund beim Suchen zu schnell werden.

Ich vertrete die Ansicht: Beide haben nur bedingt Recht. Beim Ersten könnte der Fall eintreten, dass ich den Hund mit hoher Nase zum schnellen Suchen erziehe, und im zweiten Fall würde ich den Hund dazu verleiten, über den ersten Winkel hinaus zu gehen, weil der Wind die Witterung über diesen Winkel trägt.

Unser Hund, lebte er in freier Wildbahn, würde verhungern, wenn er sich nach den Erkenntnissen unserer Verhaltensforscher seine Nahrung suchen müsste! Ich habe mich daher nie nach solchen Aussagen gerichtet und habe mit meinen Ausbildungsmethoden immer Erfolg gehabt. Bei etwa einhundert Schutzhund-Prüfungen bin ich erst einmal in der Fährte durchgefallen, und zwar mit einem Hund, den ich nicht erzogen und ausgebildet hatte.

Bevor ich mit dem Welpen die Nasenarbeit beginne, gehe ich mit ihm in trockene Wiesen und Brachland. Dort lasse ich ihn frei laufen und beobachte ihn. Geht er an Mauselöcher, Maulwurfhügel oder an Lagerplätze von Hasen, beginnt dort zu schnuppern und zu scharren, unterbinde ich dies sofort mit strafender Stimme, wende den bekannten Schnauzengriff an und hole ihn dort weg. Das kann ich in diesem Alter noch tun, da ich zu diesem Zeitpunkt noch genauso schnell bin wie der Welpe. Anschließend sofort wieder mit ihm spielen und loben. Habe ich das zwei- bis dreimal gemacht, verliert er (in meiner Gegenwart) das Interesse an Wild und Wildfährten.

In der Sozialisierungs- und der Rangordnungsphase hat der Welpe die Hörzeichen »Sitz« und »Platz« erlernt. Wenn er dies - etwa im vierten Monat - beherrscht, bin ich in der Lage, mit ihm mit der Nasenarbeit zu beginnen. Zuvor muss man sich jedoch darüber klar werden, was eine Fährte und was eine Spur ist:

- *Die Fährte ist eine unsichtbare Verletzung der Erdoberfläche.*
- *Die Spur ist eine sichtbare Verletzung der Erdoberfläche.*

Beide Verletzungen können sowohl vom Wild als auch vom Menschen beim Gehen, Laufen oder Fahren verursacht werden. Beim Legen der Fährte verletzen wir nicht nur den Bewuchs der Erdoberfläche oder die Humusschicht, es werden auch Bakterien und Kleingetier jeglicher Art zertreten. Ferner haftet an diesen begangenen Stellen der Abrieb unseres Schuhmaterials, Schuhpflegemittels und geringe Anteile unseres Fußschweißes, Rückstände der Bekleidung (Wollfasern u.s.w.), verlorene Gebrauchsgegenstände und der Individualgeruch des Menschen.

Bei der Wildfährte ist es der Abrieb der Klauen, das Tier verliert Speichel, Haare und Losung. Hinzu kommt der Individualgeruch des jeweiligen Tieres. All dies zusammen ergibt den Mosaik- oder Mischgeruch, der allen Fährten anhaftet.

Diesem Geruchsbild, das beim Begehen einer bestimmten Wegstrecke im Gelände entsteht, kann der Hund - um sich ernähren zu können - von Natur aus folgen. Wir haben lediglich die Aufgabe, uns dem Hund verständlich zu machen, damit er erlernt, genau *dann* seine Nase zu gebrauchen, wenn wir es von ihm fordern und seine Veranlagung durch ständiges Training und das Einbauen von Schwierigkeiten zu fördern und somit die natürliche Veranlagung zu steigern.

Vor weiteren Ausführungen zur Fährtenarbeit mit dem Welpen hier noch die Definition der »Fährtenfähigkeit«:

1. *Fährtenfest:*
   Der Wechsel von der Ansatzfährte auf andere, frischere Fährten ist möglich.
2. *Fährtensicher:*
   Verharren auf der Ansatzfährte nur bis zu gewissen Zeitunterschieden zwischen Ansatzfährte und anderen, nicht gleichaltrigen Fährten.
3. *Fährtenrein:*
   Absolutes Verharren auf der Ansatzfährte.

Der unter 3 genannte Hund wäre das Idealbild eines Fährtenhundes. Die Verhaltensforschung sagt, dass eine Zeitdifferenz von mindestens drei Minuten zwischen Ansatzfährte und der Verleitungsfährte bestehen muss, um dem voll austrainierten Hund die Möglichkeit zu geben, auf der Ansatzfährte zu verharren. Dies dürfte in der Praxis aber kaum möglich sein, es sei denn, das Geruchsbild unterscheidet sich vollkommen von der Ansatzfährte.

DIE REIZFÄHRTE

Den Hundeführern (Hundeführer = HF) sind in ihrem Einfallsreichtum bezüglich der Reizfährten keine Grenzen gesetzt, wenn der eingeschlagene Weg Erfolg bringt. Wichtig ist immer, dass der Hund, ob jung oder alt, das Hörzeichen = Hz) »Such« richtig verknüpfen lernt und er nach Beendigung der Arbeit sein Erfolgserlebnis hat.

1. **Beispiel:**
   Die Personensuche eines Familienmitgliedes.
2. **Beispiel:**
   Die Suche des HF.
3. **Beispiel:**
   Der Schutzdiensthelfer, komplett als Helfer bekleidet, betätigt sich als Fährtenleger.
4. **Beispiel:**
   Der Hundeführer legt im Beisein des im Abstand von etwa acht bis zehn Schritten angebundenen Welpen, einen Abgang und eine Gerade von etwa vierzig Schritten.

Zu 1.

Ich denke hier an die Suche eines Familienmitgliedes, das sich beim Spaziergang von der Gruppe trennt und sich im Wald, hinter einem Baum oder einer Hecke versteckt. Der Hund ist immer bestrebt, seine Meute - in diesem Falle die gemischte Meute Mensch/Hund - zusammmenzuhalten. Entfernt sich eine Person aus diesem Verband, will er sie wieder zurückholen und sucht sie. Dass der Hund bei diesem Versuch an langer Führleine geführt werden muss, dürfte verständlich sein. Nach gelungener Übung ausgiebiges Loben und Aufmuntern nicht vergessen.

Unsere Schäfer haben dieses Verhalten des Hundes schon vor einigen hundert Jahren erkannt und ihn aus diesem Grund bei der Herde zur Arbeitserleichterung eingesetzt. Seine Arbeit bei der Herde erfordert Führigkeit, Ausdauer, Aufmerksamkeit sowie Kampfbereitschaft bei Tage und in der Nacht zum Schutze der Herde und des Schäfers. Dieser Tatsache ist es zu verdanken, dass Rittmeister Max von Stephanitz vom Verhalten dieser Hunde so beeindruckt war und um die Jahrhundertwende mit der Zucht des Deutschen Schäferhundes begann. Ihm ist es zu verdanken, dass der Deutsche Schäferhund als Schutz- und Gebrauchshund weltweit großes Ansehen genießt.

Zu 2.

Der Hundeführer legt seinem Hund einen Abgang (Ausgangspunkt der Fährte) mit einer Geraden mit anschließendem großen Bogen und begibt sich dann in ein Versteck. Ein Familienmitglied oder ein Sportfreund hält seinen Hund an langer Führleine fest und lässt ihn zuschauen, wenn sein Meuteführer den Abgang und die Fährte begeht. Hat nun der Meuteführer die Hälfte des Weges auf der Geraden zurückgelegt, geht die Person, die den Hund auf der Fährte führen soll, mit diesem Hund in Deckung. Der Hund darf seinen Meuteführer nicht mehr sehen. Nun muss der im Versteck angekommene Meuteführer ein vereinbartes Zeichen geben, damit der, der den Hund auf der Fährte führen soll, auch erkennt, wann er den Hund am Abgang ansetzen muss. Er tut dies dann mit dem Hörzeichen »Such« in freundlich hohem Tonfall und wiederholt das Hörzeichen auch während der gesamten Arbeit im Fährtenverlauf, mit der Ergänzung des Lobes »So ist's brav«. Hat der Hund seinen Meuteführer gefunden, muss der ihn ausgiebig loben und mit ihm spielen. Der Hund hatte sein Erfolgserlebnis, die Arbeit kann beendet werden.

Zu 3.

Auch das Legen einer Fährte durch einen Helfer in kompletter Schutzkleidung kann zum Erfolg führen, wenn man einen Hund hat, der die Schutzdienstarbeit mit Vorliebe ausführt, aber in der Nasenarbeit unzuverlässig ist. Der Hund hatte bereits die Schutzhundprüfung 3 (heute VPG 3), war aber in der Nasenarbeit nicht korrekt ausgebildet. Es fehlte ihm in der Fährtenarbeit das Erfolgserlebnis.

Ich habe die Fährte vom Helfer legen lassen. Der Hund, der die Fährte später suchen soll, konnte bis zur Ablage des ersten Gegenstandes verfolgen, was der Helfer tat. Dann wurde der Hund in Deckung geführt, und der Helfer legte die Fährte bis zum Ende - dritter Gegenstand - fertig. Anschließend ging er in sein Versteck (hinter eine Hecke, am Weg), etwa zwanzig Meter vom letzten Gegenstand entfernt.

Ich habe nun den wartenden Hund zum Suchen fertig machen lassen. Die Fährte war etwa zwanzig Minuten alt, als der Hund angesetzt wurde. Er zeigte nach Aussage des Hundeführers mehr Freude und Interesse an der Arbeit. Nach dem letzten Gegenstand ließ ich den Hundeführer abmelden, und danach - so war es abgesprochen - machte der Helfer einen Angriff auf den Hundeführer mit seinem Hund. Der Hund reagierte sofort und bekam auf diese Weise sein Erfolgserlebnis. Der Eigentümer hat dies zwei- bis dreimal wiederholt und mir bestätigt, dass der Hund in der Fährtenarbeit zuverlässiger wurde. Er hat dann, wenn eine SchH-Prüfung (heute VPG) bevorstand, zwei Tage zuvor diese Art der Arbeit wiederholt und so dem Hund sein Erfolgserlebnis und die Freude an der Nasenarbeit gegeben.

Zu 4.
Es gibt verschiedene Möglichkeiten von Reizfährten, die sich für die Ausbildung in der Nasenarbeit des Welpen oder jungen Hundes nutzen lassen. Ich beginne aber stets in Wiesengelände, denn in der Wiese entstehen die wenigsten sichtbaren Verletzungen. Eine Möglichkeit ist: Im Beisein des angebundenen Welpen und sonst niemanden. Um Ablenkungen zu vermeiden, begehe ich den Abgang einer kurzen, geraden Fährte. Dabei zeige ich dem Welpen einen Bezugsgegenstand (zum Beispiel Spielzeug des Welpen). Der Welpe muss ständig das Tun seines Meuteführes aufmerksam beobachten. Ich gehe vorwärts, rückwärts, bücke mich und scharre mit den Händen im Gras, werfe mehrfach das Spielzeug des Welpen in die Höhe. Nach etwa vierzig Schritten lege ich den Gegenstand, augenfällig für den Welpen, ab. Anschließend gehe ich noch zehn Schritte in gerader Richtung weiter und dann in einem größeren Bogen zum wartenden Welpen zurück. Der Welpe beginnt nun mit tiefer Nase den Abgang zu suchen, um zu ergründen, was sein Meuteführer hier wohl getan hat. Dieses Verhalten belobige ich durch mehrfache Abgabe des Hörzeichens »Such« in freudigem hohen Tonfall. Ich folge nun dem mit tiefer Nase arbeitenden Welpen und unterstütze ihn ständig mit aufmunterndem Hörzeichen: »Such schön, so ist es brav.«

Hat der Hund den Gegenstand (Spielzeug) erreicht, gebe ich das Hörzeichen »Platz«. Weil er dieses Hörzeichen schon erlernt hat, wird er es auch befolgen. Ist eine Korrektur am Gegenstand erforderlich, korrigiere ich den Hund sofort, indem ich ihm die Vorhand anhebe und ihn so wieder ablege, dass er den Gegenstand zwischen den Pfoten zu liegen bekommt. Anschließend gebe ich ihm einen guten Happen Futter - möglichst das, was er am liebsten frisst. Dann folgt ausgiebiges Lob und das darauf folgende Spiel mit dem Ball.

Wie zu Beginn erwähnt, muss der Hund hungrig sein, wenn er zur Arbeit ins Fährtengelände geführt wird. Da der Welpe noch zwei bis drei Mahlzeiten am Tag hat, gebe ich ihm nach seiner ersten Arbeit und dem nur einmal weggeworfenen Ball sofort sein Futter. Dies dürfte keine Schwierigkeiten bereiten, denn es gibt kleine verschließbare Gefäße, die ich in einem Umhängebeutel mitnehmen kann. Durch die Futtergabe am Ende der Fährte unterstütze ich die von Natur aus vorhandene Veranlagung des Nasengebrauchs zur Nahrungssuche.

Keinesfalls darf der Hund aber seine Futterschüssel sehen, sonst läuft er nach jedem Gegenstand oder nach einem Stück Papier, das zufällig im Gelände liegt. Am besten farblich dem Gelände angepasste Futterschüssel und Gegenstände verwenden. Bei der nächsten Arbeit mit dem Welpen lege ich auf der Geraden zwei Gebrauchsgegenstände aus - im Abstand von zwanzig Schritten - und nach weiteren zehn Schrittten verstecke ich seinen verschlossenen Futterbehälter im Gras.

Wenn ich sicher bin, dass mein Welpe das Hörzeichen korrekt befolgt, kann ich auch schon, bei Beginn der Arbeit, auf der ersten Geraden zwei oder drei Gegenstände im Abstand von zwölf bis fünfzehn Schritten legen. Geben Sie aber aus der Hand an jedem Gegenstand ein Futterstückchen und vergessen Sie nicht zu loben. Ist er dann bestrebt, mehr Futter aus Ihrer Hand zu bekommen, gehen Sie nicht darauf ein, sondern werfen ein Futterstück, etwa einen oder zwei Meter, vor den Welpen auf die Fährte und fordern ihn mit dem Hz. »Such« zur Arbeit auf. Führt er das Hz. aus, loben Sie wieder mit den bekannten Worten. »So ist's brav.« Weitere Hinweise geben Ihnen die Abbildungen auf den folgenden Seiten.

Die Arbeit in der Fährte auf der Geraden wiederhole ich, bis ich mit der Arbeit meines Hundes zufrieden bin. In den meisten Fällen stellt sich der Erfolg nach der dritten oder vierten Fährte ein.

Die nächste Übungsfährte ist dann keine Gerade mehr, sondern ich lege dem Hund ein in die Länge gezogenes »S«. Nicht, um dem Hund mehr Schwierigkeiten zu machen, sondern nur, um mich zu überzeugen, dass der Hund nicht nur geradeaus läuft.

Sucht er auch das in die Länge gezogene »S«, lege ich dann wieder die Gerade mit einem Gegenstand, aber es folgt am Ende des ersten Schenkels ein Bogen mit einem Radius von etwa zwei Metern. Nach etwa weiteren zehn Schritten lege ich dann den zweiten Gegenstand, und nach fünfzehn Schritten steht am Ende der Fährte die versteckte Futterschüssel.

Ich gebe Ihnen bewusst den Hinweis, die Futterschüssel zu verschließen, da ich die Erfahrung gemacht habe, dass eine Schnecke ins Futter gefallen war, die der Hund dann mitgefressen hatte und danach einen sehr starken Durchfall bekam. Schnecken sondern ein Gift ab, das für unsere Hunde nicht bekömmlich ist.

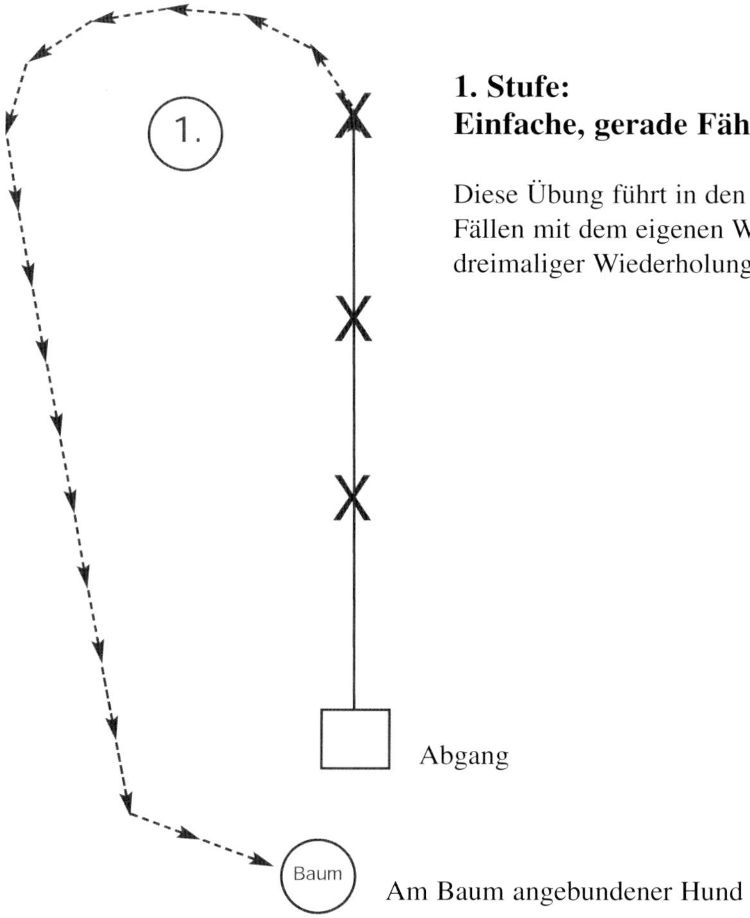

1. Stufe:
Einfache, gerade Fährte

Diese Übung führt in den meisten Fällen mit dem eigenen Welpen nach dreimaliger Wiederholung zum Erfolg.

Zeichenerklärung:

□ Abgang
X Gegenstand
→ Rückweg

2. Stufe:
Etwas schwierigere Fährte

Bei dieser Übung kann ich mich überzeugen, ob der Hund seine Nase gebraucht.

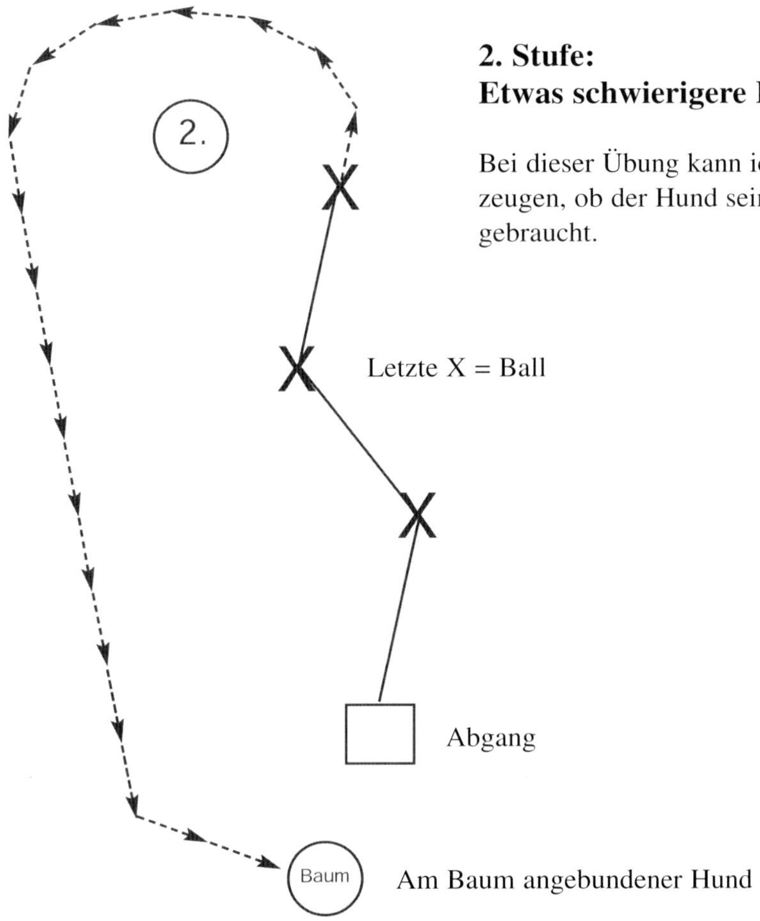

Zeichenerklärung:

□ Abgang
X Gegenstand
→ Rückweg

3. Stufe:
Nochmals schwerer

Ist die Arbeit der in Abbildung 2 erklärten Übung erfolgreich verlaufen - ich habe mich überzeugt, dass der Hund seine Nase gebraucht - beginne ich die dritte Übung wieder mit einer Geraden und lege die Fährte so weiter, wie in der folgenden Abbildung dargestellt. Hatten Sie Erfolg, können Sie in der nächsten Übungsstunde mit der Übung vier fortfahren.

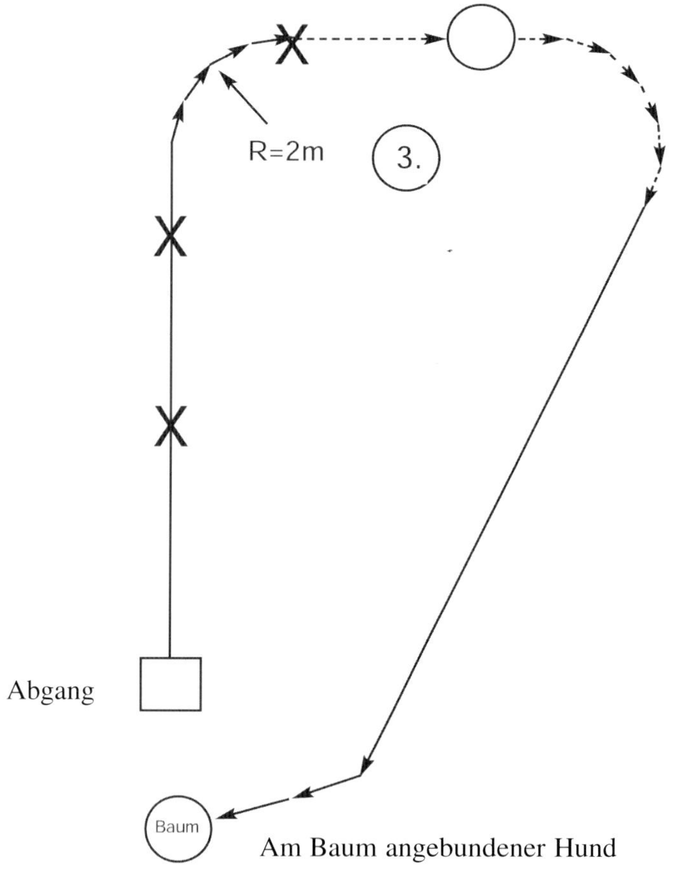

Zeichenerklärung:

- □ Abgang
- O Futterschüssel
- X Gegenstand
- ➤ Rückweg

4. Stufe: Schwierige Fährte

Arbeite ich nun weiter, wie die Fährtenskizze es in der Abbildung verdeutlicht, lege ich bereits drei Schenkel und zwei Winkel. Die Schenkel sind kurz und die Winkel im Bogen, mit einem Radius von etwa zwei Metern, gelegt. In jedem Schenkel befindet sich ein Gegenstand.

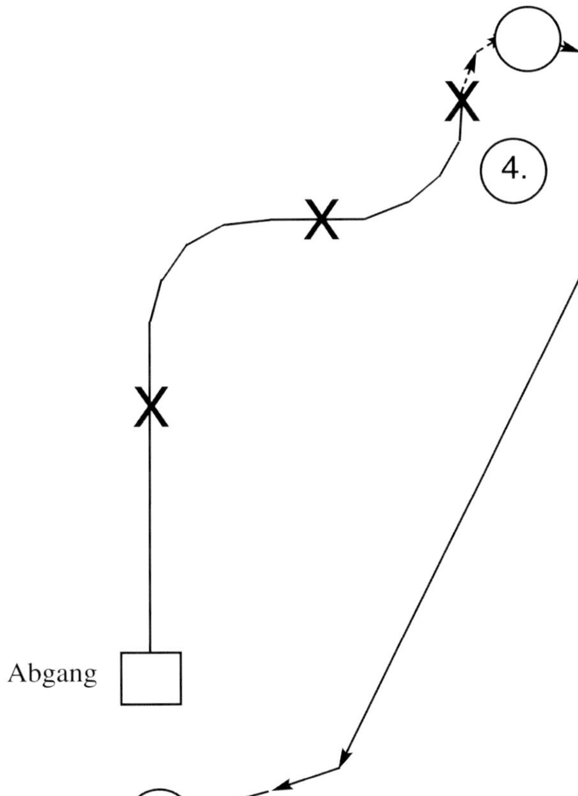

Zeichenerklärung:

- □ Abgang
- O Futterschüssel
- X Gegenstand
- ―➤ Rückweg

Zum Legen der Fährte noch einige Hinweise: Am Abgang, in den Schenkeln und an den Winkeln nicht scharren. Die Fährte soll begangen werden. Sie können bei den Übungsfährten die Bogen, die bei den folgenden Übungsfährten immer kleiner gelegt werden, bis Sie sie letztlich nur noch als rechten Winkel ausführen, kürzer abtreten. Das Scharren an unterschiedlichen Stellen im Fährtenverlauf ist gefährlich, da es das Geruchsbild der Ansatzfährte verändert!

Helfen können Sie Ihrem jungen Hund, wenn Sie sich am Abgang, im Fährtenverlauf und nach den Winkeln ab und zu niedersetzen. Beim älteren und gut trainierten Hund ist dies nicht mehr erforderlich. Die Begründung: Unser Hund befindet sich ständig, sei es bei der Leinenführigkeit, bei der Freifolge, oder auch beim Spielen mit uns, mit seiner empfindlichen Nase in Höhe unseres so genannten Schamgeruches. Das ist die Region, wo der Rücken endet und die Beine beginnen. Es dürfte einleuchtend sein, dass dort der Individualgeruch am stärksten vorhanden ist. Jeder Mensch hat schon einmal einen Tropfen Urin verloren, oder es sind ihm ungewollt Winde entwichen, die ihm zwar peinlich waren, aber er konnte sie auch nicht zurückhalten. Diese Gerüche haften in unserer Kleidung und sind unserem Hund am vertrautesten. Hinzu kommt natürlich der jedem Menschen eigene Schweißgeruch. All dies zusammen ergibt unseren Individualgeruch.

Beim Legen der Fährte sollten Sie Folgendes beachten:

Beim Legen einer Fährte nicht rauchen, nicht essen, nicht auf die Fährte spucken oder unüberlegt etwas wegwerfen, auch wenn es noch so klein ist. Achten Sie darauf, wo Sie Ihren Abgang legen. Auf Kunstdünger achten. Legen Sie Ihre Fährte nicht so dicht an Bodenwechsel. Achten Sie nicht darauf, erziehen Sie Ihren Hund zum Randläufer. Wählen Sie für die Fährtenarbeit nur Gebrauchsgegenstände, nicht größer als eine Brieftasche, auch sollten sie in der Farbe dem Gelände angepasst sein. Sie schließen so die Gefahr aus, dass Ihr Hund mit dem Auge suchen lernt.

Ein Hund, der nach meinen Erfahrungen erzogen, in der Fährte ausgebildet und mit der Zeit durch gutes Training fährtensicher wurde, zeigt Ihnen alles durch Verweisen an. Ich habe das alles erprobt und gebe Ihnen meine Erfahrungswerte nur weiter, damit der Hund nicht ungerechtfertigt gestraft wird und anschließend Unsicherheit zeigt.

Diese Erfahrungen habe ich von 1960 bis Anfang der siebziger Jahre gesammelt. Damals zählte ich zu den Spitzenhundeführern unserer Landesgruppe. In dieser Zeit war ich LG.-Fährtenhundsieger und belegte einmal den zweiten Platz, habe an neun LG.-Ausscheidungsprüfungen teilgenommen und konnte mich zweimal für die Bundessiegerprüfung qualifizieren. Dort war ich zweimal bester hessischer Teilnehmer. Nach einundzwanzig Jahren Richtertätigkeit versuche ich mich nun mit diesem Buch und hoffe, allen Hundefreunden Hilfe geben zu können.

Viele Hundeführer gehen zum Üben ins Fährtengelände, nehmen sich aber nicht die Zeit, die ich für diese Arbeit brauche. Sie legen dem Hund eine Fährte nach VPG 1 und wissen dann nicht einmal mehr, wo ihr erster Winkel liegt. Der Hund wird angesetzt, und prompt ziehen sie ihn schon vor dem ersten Winkel ab, oder lassen ihn über den Winkel laufen. Sie wissen noch nicht einmal, wie viel Schritte ihre Suchleine lang ist. Wenn ich dies aber weiß, ist es nicht schwer, mir zu merken, wo die Winkel meiner Fährte sind. Weiß ich die Anzahl der Schritte meiner Suchleine, merke ich mir vor dem Winkel einen markanten Punkt seitlich der Fährte, gehe die Anzahl der Schritte meiner Suchleine weiter und lege dort meinen Winkel.

Habe ich nun mit meinem Hund, der an langer Suchleine arbeitet, den markanten Punkt entdeckt, gehe ich bis zu der Stelle, wo ich mit diesem Punkt auf gleicher Höhe bin. Dort brauche ich nur stehen zu bleiben und kann meinen Hund beim Arbeiten am Winkel beobachten.

Jetzt muss ich Geduld bewahren und den Hund arbeiten lassen. Bin ich zu schnell bereit, meinem Hund bei geringen Schwierigkeiten zu helfen, merkt er sich dies sehr schnell, bleibt stehen und wartet, bis sein Führer kommt und Hilfe leistet. Beobachtet der Hundeführer seinen Hund und unterstützt ihn in ruhigem Tonfall mit dem Hörzeichen »Such«, der Hund arbeitet den Winkel aus, braucht er ihn nur mit lobenden Worten »So ist's brav. Such schön« zur weiteren Arbeit aufzufordern. Es darf keinesfalls an der Suchleine gezogen - signalisiert - werden, das würde den Hund nur unsicher machen. Also: bewahren Sie die Ruhe. Sie lernen so am besten das Verhalten Ihres Hundes kennen und merken, wann er Schwierigkeiten hat. Diese Schwierigkeit, wie ich sie oben beschrieben habe, zeigen meist Hunde, die freudig suchen und am Abgang aber durch zu flüchtiges Ansuchen zu wenig Witterung der Fährte aufnehmen. Ich empfehle, den Abgang größer zu gestalten und ihn nicht nur zu begehen, sondern sich dort auch zwei- bis dreimal niederzusetzen.

Außerdem sollten Sie immer daran denken, dass Sie den Hund von der Seite des Abganges her ansetzen. Eine weitere Hilfe, die Sie geben können, ist folgende: Sollten Sie einen alten Hut besitzen, trennen Sie das Schweißband heraus und zerkleinern Sie es mit einem Papierlocher. Diese kleinen Lederteile zerstreuen sie auf dem Abgang und auch etwa einen Meter nach dem Winkel. So geben Sie dem Hund gute Hilfe bei der Ausarbeitung der Fährte. Sie intensivieren damit Ihren Individualgeruch. Sehr wichtig ist es, dass Sie mit Ihrem Hund auch bei jeder Witterung zum Üben in die Fährte gehen. So wie Sie zeitig mit Ihrem Hund mit der Nasenarbeit beginnen müssen, damit die natürlichste Veranlagung, sein Geruchssinn, nicht verkümmert, so müssen Sie auch bei schlechtem Wetter mit dem Haustier Hund draußen arbeiten, er wird sonst zu sehr verwöhnt und ist nicht mehr bereit, die Leistung zu erbringen, die von einem Schutz- und Gebrauchshund gefordert wird. Unsere VPG-Prüfungen finden halt nicht nur bei schönem Wetter statt.

Wenn ich einen Welpen erziehe und für die Fährtenarbeit ausbilde, ist er mit zehn Monaten soweit, dass er schon eine Fährte nach VPG 3, mit drei und auch mehr Gegenständen, sucht. Ich lege ihm bewusst auch Schwierigkeiten in den Verlauf der Fährte, um zu erkennen, wie er sich an diesen Stellen verhält. Aber ich gehe nie ohne Papier und einen Kugelschreiber zum Legen der Fährte. Beim Legen der Fährte erstelle ich eine Skizze, in der ich alle Schenkel und Winkel, die Ablage der Gegenstände und der bewusst gelegten Schwierigkeiten, mit Angabe der genauen Schrittzahlen, festhalte. So kann ich, wenn der Hund beim Ausarbeiten der Fährte an eine Stelle kommt an der er unsicher wird, erkennen, ob es eine von mir bewusst als Provokation gedachte Stelle ist, oder eine Verleitung durch Wild, die mir entgangen ist.

Zum Beispiel gehe ich beim Legen der Fährte, wenn ich eine Sasse (die Liegestelle eines Hasen) sehe, in geringem Abstand daran vorbei. Geht dann mein Hund beim Suchen dort hin, weil die Witterung des Hasen und der Kot, den er hinterlassen hat, für ihn sehr interessant sind, gehe ich sofort, ohne Warnung, zu ihm hin, greife ihn im Nacken, hebe ihn an und sage in strafendem Ton »Das ist pfui«, ziehe ihn zurück zum Schenkel, gebe ruhig und sachlich das Hz. »Such«. Tut er, was ich von ihm verlange, lobe ich mit den Worten »So ist's brav«. Ich hatte noch keinen Hund, der mir das übel genommen hätte, sie haben alle die Strafe anerkannt und die Arbeit fortgesetzt.

Ein anderer Fall: Eine Wildfährte lag wie geschaffen so im Fährtenverlauf, dass ich sie im spitzen Winkel hätte kreuzen müssen. Dies tat ich nicht. Ich habe vielmehr zur Provokation auf den Wildwechsel einen rechten Winkel gelegt, um später, bei der Suche, die Reaktion meines Hundes kennen zu lernen. In der Tat: Er wollte bei der Arbeit auf die Wildfährte wechseln. Wie vorher beschrieben, habe ich ihn im Nackengriff von der Wildfährte abgedreht und am Winkel mit dem Hz. »Such« erneut angesetzt. Bei späteren Fährten kannte ich sein Verhalten: Er kam an dem auf den Wildwechsel gelegten Winkel an, drehte den Kopf leicht in meine Richtung, so dass er mich mit einem Auge sehen konnte. Ich sagte nur ruhig und freundlich »Such schön«, und er arbeitete den Winkel einwandfrei aus. Anschließend wurde er mit den Worten, »So ist's brav« gelobt, und wir beide waren zufrieden. Ich habe erkannt, dass auch artgebundene Strafen bei der Arbeit in der Fährte vom Hund anerkannt werden. Aus diesem Grund spreche ich von Provokation, richtig angewandt führt sie zum Erfolg. Der Hund bildet sich ein, dass er seinem Meuteführer nicht vormachen kann, er wisse besser, wo es lang geht.

So wie der vorher beschriebene Hund aus Freude an der Arbeit zu flüchtig seine Nase am Abgang benutzte, so gibt es auch Hunde, die sich am Abgang lustlos verhalten und nur schwer dazu zu bewegen sind, auf das Hörzeichen »Such« die gewünschte Arbeit auszuführen. Dieses Verhalten kann verschiedene Ursachen haben.

Hier ein paar Beispiele:

- *Fehler während der Erziehung (keine Verständigung aufgebaut).*
- *Er versteht das Hörzeichen »Such« nicht.*
- *Er wurde vor der Fährtenarbeit gefüttert. Es fehlt der Signalreiz, der durch das Hungergefühl den Gebrauch seiner Nase auslöst.*
- *Er wurde schon im Welpenalter, vor seiner Geschlechtsreife, zu einer allzu korrekten Leinenführigkeit gezwungen und getraut sich nicht, sich von seinem Meuteführer zu lösen.*
- *Es wurde mit ihm, bevor er zur Nasenarbeit erzogen wurde, an langer Suchleine »Stellen und Verbellen« am Helfer geübt. Auch dies reicht aus, dass er stehen bleibt, sobald er einen leichten Zug der Leine verspürt. Er schaut dann in der Gegend herum und sucht den Helfer.*

Alle diese angeführten Beispiele sind Fehler, die schon von vielen Hundeführern gemacht wurden. Sie suchen den Fehler aber leider nicht bei sich selbst, es ist dann immer der Hund, der nichts taugt.

Aber auch für diese oben aufgeführten Fehler, die der Hundeführer an seinem Hund begangen hat, habe ich noch Möglichkeiten, die helfen können.

Beim Mangel an Verständigung ist es ratsam, dem Hund guten Anschluss an die Familie, an die »gemischte Meute«, zu geben. Wird der Hund ausgeführt, sollte der Hundeführer immer etwas zum Anfüttern dabei haben. Der Hund wird an der Leine geführt, ich werfe ein Stückchen Futter in die Wiese oder den Acker, lasse ihn frei, gebe ihm in freundlichem Tonfall mehrmals das Hörzeichen »Such« und lobe ihn, wenn er seine Nase gebraucht. Auch wenn er frei geht und mit seiner Nase am Wegesrand von etwas Witterung aufnimmt, kann ich das Hörzeichen. »Such schön« benutzen. Er wird es dann sehr schnell verstehen lernen.

Bei dem im zweiten Beispiel genannten Hund ist es ratsam, einen Hungertag in der Woche einzuhalten, wenn es auch schwer fällt. Gehen Sie am Tag danach mit ihm zur Fährtenarbeit, sein Futter nehmen Sie in seiner Futterschüssel mit ins Gelände. Sie binden ihn an, lassen ihn am Futter lecken, gehen ein paar Schritte von ihm weg und begehen den Abgang der nun folgenden Geraden. Die Gerade muss so gewählt sein, dass Sie im Anschluss daran einen Bogen legen können, der in das Versteck der Futterschüssel führt, zu dem der Hund keine Sicht mehr hat. Am Abgang und etwa einen Meter danach sowie an verschiedenen Stellen des Fährtenverlaufes nehmen Sie kleine Futterstücke aus der Schüssel und lassen diese auf die Fährte fallen. Am Ende verstecken Sie die Futterschüssel, aber so, dass der Hund sie später bei der Suche nicht sehen kann. Die Hörzeichen »Such« und »Such schön« sind, wenn Sie zufrieden mit der Arbeit Ihres Hundes sind, in freundlichem, hohem Tonfall im Fährtenverlauf mehrmals zu wiederholen. Sollte der Hund die Fährte bis zu seiner Futterschüssel nicht verfolgen, führen Sie ihn hin, zeigen ihm sein Futter, aber geben dürfen Sie es ihm nicht. Der Erfolg würde ausbleiben! Richtig ist dann, dass Sie einen zweiten Hungertag einlegen müssen, um zum Erfolg zu kommen. Das klingt zwar hart, aber unserem Hund artverwandte Tiere, die in freier Wildbahn leben, müssen oft zwei und mehr Tage ohne Futter leben und nehmen keinen Schaden dabei. Nur eines ist dann wichtig, Wasser darf keinesfalls fehlen!

Bei dem im dritten und vierten Beispiel angeführten Hund liegt ein falsches Verknüpfen während der Ausbildung vor, das beim einen durch zu frühe und zu korrekte Leinenführigkeit entstand, und beim anderen in der Übung »Stellen und Verbellen« an langer Leine zu suchen ist. Der Zug oder ein leichter Ruck an der Suchleine lösen den Signalreiz - Helfer, Schutzdiensteffekt - aus. Der Hund sieht keinen Helfer und zeigt seine Unsicherheit. Hätte der Hund die Suchleine schon vorher kennen gelernt, wäre dieser Umstand nicht in Erscheinung getreten.

Es besteht Hoffnung, dass beide ihre Unsicherheit verlieren, wenn ich mit diesen Hunden vor dem Legen der Fährte an langer Suchleine mit dem Ball spiele. Den Ball werfe ich weiter weg als die Leine lang ist, gebe dem Hund das Hörzeichen »Such«, lasse die Suchleine durch die Hand gleiten und gehe mit schnellen Schritten meinem Hund nach. Auch kann ich Fleischstücke werfen und sie an der Suchleine auf diese Weise suchen lassen. Habe ich dies mehrmals getan, verliert der Hund seine Unsicherheit an der Suchleine, wenn er einen Zug oder Ruck verspürt. Lege ich diesem Hund dann einen Abgang mit einer Geraden, wobei er angebunden zuschauen kann, zeige ich ihm vorher die Futterstücke und den Ball. Anschließend begehe ich die Fährte und lege, sichtbar für ihn, die Fleischstücke aus und den Ball am Ende der Fährte ab.

Danach gehe ich noch einige Schritte in gerader Richtung weiter und kehre dann in einem Bogen zurück. Ohne den Hund warten zu lassen, beginne ich dann mit der Arbeit. Auch hierbei die Hörzeichen und ausgiebiges Lob nicht vergessen. Diese Möglichkeit dürfte für die beiden unter den Beispielen drei und vier genannten Hunde eine Hilfe sein und zum Erfolg führen.

SCHLEPPFÄHRTE UND FUTTER

Wenn ich Ihnen nun an dieser Stelle einen mir wichtigen Hinweis gebe, der die Schleppfährte betrifft, bin ich sicher, dass meine Ansicht viele taube Ohren antreffen wird. Die Schleppfährte gibt sicher allen Hunden den Signalreiz, die Nase zu gebrauchen, aber sie erfüllt nicht ihren Zweck, dem Hund den Wechsel auf Wildfährten abzugewöhnen. Die Hunde, die auf diese Weise das Suchen erlernt haben, werden immer wieder rückfällig werden, wenn neben der Fährte ein toter Hase oder Vogel liegt, den der Fährtenleger übersehen hat. Ich habe noch nie mit der Schleppfährte gearbeitet und werde es auch nie tun. Sie sollten sich merken, dass auch das Auslegen von Futter auf der Fährte ein Risiko ist. Lege ich Futter aus, so darf ich dies nicht immer an den gleichen Stellen tun. Mache ich es trotzdem, besteht die Gefahr, dass der Hund dann stehen bleibt oder zu kreisen beginnt, wenn an der gewohnten Stelle kein Futter ausgelegt ist. So wie ich gezielt Futter ausgelegt habe, so muss ich darauf achten, dass ich dazu übergehe, mit System immer weniger auszulegen.

DER EINFLUSS DER WINDRICHTUNG

Nehmen wir jetzt an, wir haben einen Hund, der in der Lage ist, die Ansatzfährte, die in U-Form oder in der Form eines Blitzes gelegt ist, mit tiefer Nase auszuarbeiten. Sie haben den Hund angesetzt, er befindet sich im ersten Schenkel. Der Wind kommt von der rechten Seite des Schenkels. Bedingt durch die Windrichtung sucht der Hund leicht seitlich links der Ansatzfährte. Dem Hund ist aus diesem Grund kein fehlerhaftes Suchen anzukreiden, wenn er die Winkel ausarbeitet und sich im dritten Schenkel dann leicht rechts des Fährtenverlaufes bewegt und bis zum letzten Gegenstand ohne Fehler arbeitet. Vorausgesetzt, es war eine Fährte, die in U-Form gelegt wurde. Der Wind hatte den beim Legen der Fährte entstandenen Mosaik- oder Mischgeruch leicht seitlich links, bzw. rechts versetzt. Bei der Blitzfährte und gleicher Windrichtung hätte er sich natürlich auch links des Fährtenverlaufes im dritten Schenkel bewegen müssen. Diese Aussage habe ich gemacht, um zu vermeiden, dass Sie Ihrem Hund dann weniger Vertrauen entgegenbringen oder ihn strafen würden. Wäre er im dritten Schenkel, bei gleicher Windrichtung, auch links des Fährtenverlaufes gefolgt, wäre das fehlerhaft; er wäre nur geradeaus gelaufen, ohne seine Nase zu gebrauchen. Es gibt Hundeführer, die bringen das ihrem Hund so geschickt bei, dass so mancher Leistungsrichter dem Hund nur das Fährten mit hoher Nase in Abzug bringen konnte.

WENN DER HUND »FASELT«

Nun gibt es aber auch Hunde, die ständig im gesamten Fährtenverlauf in den Schenkeln nach links und nach rechts pendeln. Wir nennen das in der Fachsprache »Faseln«, und ich wurde schon oft gefragt, wie man dieses Verhalten abstellen kann. Auch diesem Verhalten des Hundes kann man entgegenwirken. Allerdings kann ich dies nicht alleine, sondern benötige für diese Arbeit zwei Helfer. Wird der Hund am Halsband geführt, muss ich ihm ein zweites Halsband anziehen. Am besten eignet sich ein Lederhalsband, das links und rechts einen Ring hat, an dem man zusätzlich zwei Suchleinen befestigen kann. Am normalen Halsband befestigt der Hundeführer seine Suchleine, oder er arbeitet mit dem Suchgestell. Dies ist so auszuführen, wie es der Hund gewöhnt ist. Von den beiden Sportfreunden, die bei dieser Arbeit den Hundeführer mit seinem Hund bei der Nasenarbeit unterstützen, geht einer links, der andere rechts versetzt, möglichst weit vom arbeitenden Hund entfernt, wenn der Hundeführer seinen Hund zum Suchen am Abgang ansetzt. Die beiden Helfer müssen den Hund so halten, dass er das »Faseln« nach links und rechts nicht ausführen kann. Die beiden Helfer sind bei den ersten Versuchen mit dem Hund ein Störfaktor und er wird nicht sofort zu unserer Zufriedenheit seine Arbeit leisten.

Der Erfolg tritt erst nach dem vierten oder fünften Versuch ein, vorausgesetzt, er wurde von den beiden Helfern richtig geführt und das Wesen des Hundes wurde berücksichtigt.

Was man am Abgang seinem Hund an Hilfen geben kann, habe ich erklärt. Mehr gibt es auch nicht zu sagen, da bei unseren VPG-Prüfungen der Leistungsrichter den Hundeführer oder den Fährtenleger einweist und festlegt, wie der Abgang zu gestalten ist.

ARBEIT AN DEN WINKELN

Es folgt nun die Arbeit an den Winkeln. Die Winkel sind laut Prüfungsordnung als rechte Winkel ausgewiesen, das heißt neunzig Grad, und können links oder rechts herum gelegt werden. Die meisten Hundeführer gehen die Winkel mit sehr kurzen Schritten ab, wenn sie die Möglichkeit haben, tun sie dies auch zweimal. Einen Meter vorher und auch nach dem Winkel, vom Scharren ganz zu schweigen.

Ich schlage vor, dass Sie es bei Ihren Übungsfährten einmal probieren, wie ich es jetzt erkläre: Wenn ich den Schenkel bis an den Winkel begehe, trete ich vor dem Winkel nicht mit kürzeren Schritten ab. Ich gehe bis zum Ende des Schenkels, dann mache ich eine Wendung in die angegebene

Richtung und trete dann erst nach der Wendung mit kurzen und kraftvollen Schritten im nächsten Schenkel ab. Ich habe das probiert und es hat mir Erfolg gebracht. Beim Üben können Sie noch den folgenden Versuch machen: Wenn Sie in normalem Schritt an den Winkel kommen, machen Sie nach der Wendung einen etwa ein Meter langen Schritt in Richtung des nächsten Schenkels, treten dann gut ab und lassen sich überraschen, wie gut Ihr Hund den Winkel ausarbeitet.

Begründen kann ich dies nur so: Der Hund bekommt bis zum Winkel nur die Witterung, die er vom Abgang her aufgenommen hat. Nun erreicht er den Winkel und bekommt aus der Richtung, in der es weitergeht, intensivere Witterung in die Nase. Das führt dazu, dass der Hund sich in die richtige Richtung hineinziehen lässt. In schwierigem Gelände habe ich das oft praktiziert, um den Hund an den Winkeln aufmerksamer und sicherer zu machen.

Das Begehen der Winkel zu meinen oben geschriebenen Erklärungen.

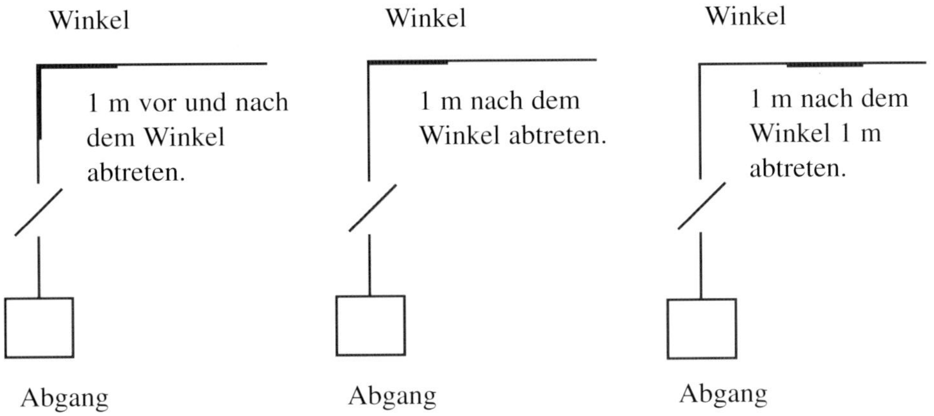

NASENARBEIT FÜR FORTGESCHRITTENE

Nach Abhandlung der Mängel und des Fehlverhaltens junger Hunde - und auch des Ausbilders - komme ich nun zu dem fortgeschrittenen und freudig arbeitenden Hund bei der Nasenarbeit. Bedingt durch seine freudige Arbeit besteht aber immer die Gefahr, dass er auch Fehler macht, die wir vermeiden wollen. Es fängt damit an, dass er flüchtig ansucht, stürmisch in den Schenkel rennt, und wenn man keine Handschuhe trägt, kann man den Hund nicht mehr an der Suchleine festhalten. Wie erzieht man diesen Hund zum sicheren und ruhigen Hund für die Nasenarbeit? Es gibt zwei Möglichkeiten.

WENN DER HUND ZU STÜRMISCH SUCHT

1. Man legt dem Hund eine Fährte mit mehreren kurzen Schenkeln und Winkeln. Hierbei muss man berücksichtigen, dass man dem Hund in jeden Schenkel zwei bis drei Gegenstände auslegt und daher daran denken muss, genügend Gegenstände mitzunehmen. Die Liegezeit der Fährte richtet sich nach dem Ausbildungsstand des Hundes. Ist die Zeit zum Suchen gekommen, legt man dem Hund das Suchgestell an, führt den Karabinerhaken durch den Ring am Suchgestell und befestigt ihn am Würgehalsband so, dass, wenn der Hund angesetzt wird und zieht, er durch das Halsband behindert wird. Hat man den Hund so zur Arbeit vorbereitet, legt man ihn neben dem Abgang mit dem Hörzeichen »Platz« ab, legt die Suchleine aus, geht zurück auf den Weg und lässt ihn etwa zehn Minuten dort liegen. Ist die Wartezeit um, zieht man seine Handschuhe an, geht zum Hund, nimmt die Suchleine fest umschlossen in die Hand und gibt dem Hund das Hörzeichen »Such« in ganz ruhigem Tonfall. Wenn der Hund jetzt zieht, lassen Sie ihn ziehen, aber bitte nicht an der Suchleine zerren und rucken, das würde ihn unsicher machen. Da Sie wissen, wo die Gegenstände liegen, können Sie am Gegenstand noch das Hörzeichen »Platz« geben. Nach dem ersten Gegenstand beginnt das gleiche Spiel an allen ausgelegten Gegenständen auf's Neue. Auf diese Art lassen Sie Ihren Hund bis zum Ende suchen. Am vierten oder fünften Gegenstand ist er bestimmt schon langsamer geworden. Nach der Arbeit das Lob mit anschließendem Spiel nicht vergessen. Der Hund braucht sein Erfolgserlebnis!

2. Verfahren Sie genauso wie vorher beschrieben, aber verwenden Sie jetzt das Stachelhalsband. Es gibt Hunde, die sich auf Grund ihrer Nervenstärke und Unempfindlichkeit im Hals- und Nackenbereich vom normalen Würgehalsband nicht beeindrucken lassen! Durch dieses Halsband bringen Sie dann auch diesen Hund zum ruhigen und sachlichen Sucher. Bei dieser Übung sollten aber die Gegenstände nur in Suchleinenlänge auseinander

liegen, damit Sie bei jedem erneuten Ansetzen wiederholt mit festem Griff die Suchleine halten und so den Hund am Davonstürmen hindern, und er Ihnen die Leine durch die Hand ziehen muss. Ich mache Sie aber darauf aufmerksam, die nötige Vorsicht walten zu lassen. Der Hundeführer sollte am besten seinen Hund kennen und muss wissen, was er seinem Hund zumuten kann. Nach Beendigung der Arbeit Lob und Spiel nie vergessen! Denken Sie daran, dass an der Suchleine nicht gezerrt oder geruckt werden darf, sonst wird Ihr Hund verunsichert, und der gewünschte Erfolg bleibt aus. Dass ich mich zeitweise wiederhole, geschieht bewusst, denn es gibt Dinge, die man nicht oft genug sagen kann.

In unserer Prüfungsordnung ist die Arbeit, die der Hund mit seiner Nase ausführt, unter Abteilung - A - Fährtenarbeit - aufgeführt. Wenn ich mich dieser Arbeit so ausführlich widme, dann nur aus folgenden Gründen: Zum einen möchte ich, dass der Hund in der Disziplin, wo er von Natur aus am besten veranlagt ist, mit der nötigen Sorgfalt, dem Fleiß und Wissen des Hundeführers, erzogen, ausgebildet, sowie gefördert wird. Wenn ein Hundeführer Teilnehmer einer VPG-Prüfung ist und die Unbefangenheitsprobe hinter sich hat, ist dieser Übungsteil die erste Arbeit, die er dem Leistungsrichter zeigen muss. Hund und Hundeführer müssen ein Team sein, und das ist nur zu erreichen, wenn es der Hundeführer verstanden hat, seinen Hund vollkommen auf sich zu beziehen. Die Fährtenarbeit ist eine Fleißarbeit, und ein altes Sprichwort sagt schon: »Ohne Fleiß kein Preis«. Hat der Hundeführer seinen Hund korrekt erzogen und für diese Arbeit vorbereitet, kann er auch in aller Ruhe, ohne Nervosität, seinen Hund melden und in der Fährte mit Erfolg vorführen. Man darf nicht vergessen, dass jede Unsicherheit und Nervosität des Hundeführers sich auf den Hund überträgt und ihn unsicher macht. Habe ich aber in Abteilung A eine gute Bewertung, führe ich auch meinen Hund mit einem ganz anderen Gefühl in den noch folgenden Prüfungsteilen.

In der Fährtenarbeit nach VPG 1 hatte ich noch nie Schwierigkeiten, auch selten nach VPG 2 und VPG 3. Ich habe viel alleine in der Fährtenarbeit tun müssen und aus diesem Grund alle meine Hunde, auch für die FH (Fährtenhund) selbst vorbereitet. Ich habe erkannt: Wenn ich meinen Hund und sein Verhalten in der Fährte kenne, kann ich ihm vertrauen.

Um was es bei den Fremdfährten geht, sind in erster Linie die Gegenstände. Es sind fremde Gegenstände, die in der Regel die Witterung des Fährtenlegers angenommen haben sollen - laut PO vorgeschrieben. Aus diesem Grund habe ich Gegenstände von Sportfreunden benutzt. Die Gegenstände wurden von mir nicht angefasst, sie wurden mir vom Eigentümer in einer Plastiktüte, die fest verschlossen war, übergeben. Diese Tüte habe ich vor dem Legen der Fährte für meinen Hund erst am Abgang geöffnet und die Gegenstände unberührt aus der Tüte auf die Fährte fallen lassen. So habe ich mir geholfen und hatte immer für meine Fährten genügend fremde Gegenstände. In der Annahme, Ihnen einen guten Tipp gegeben zu haben, komme ich jetzt zum nächsten Thema.

VORBEREITUNG ZUR FÄHRTENARBEIT NACH VPG 3 UND FH

Dieses Thema ist nicht nur für den Hundeführer, sondern auch für den Fährtenleger äußerst wichtig. Es werden zum Üben ständig nur Schema-Fährten gelegt, mehr wird nicht getan. Vor mehr als dreißig Jahren musste bei der Fährte nach SchH 3 fünf Minuten vor dem Ansetzen des Hundes im ersten Schenkel vor dem ersten Gegenstand noch eine Verleitungsfährte gelegt werden. Auch wurde zu dieser Zeit noch mit spitzen Winkeln gearbeitet. Bei den VPG 3-Fährten wird dies heute nicht mehr gefordert. Auch die FH-Fährte wurde entschärft, der spitze Winkel ist nicht mehr vorgeschrieben. Ein in SchH 3 geführter Hund wurde bei diesem Übungsteil nicht davor bewahrt, auch über Bodenwechsel und begangene Feldwege seinen Ausbildungsstand unter Beweis zu stellen. Es wurde vom Hund mehr verlangt, als dies heute der Fall ist. Die geschilderten Umstände sind es, die mich heute noch veranlassen, dass ich von meinem Hund bei dieser Tätigkeit mehr verlange, als es die Prüfungsordnung vorschreibt.

Bevor ich mit meinen Erklärungen fortfahre, möchte ich Sie darauf aufmerksam machen, dass Sie nur in ein Gelände gehen sollten, das Ihnen bekannt ist und Sie die Genehmigung des Eigentümers und Jagdpächters haben.

Was ein offenes -R-, ein »Stuhl« oder ein doppeltes -U- in der Fährten-Fachsprache ist, sollte Ihnen bekannt sein.

Zur Sicherheit sehen Sie sich die unter - 1 - 2 - und 3 gefertigten Skizzen an.

1. Offenes - R -

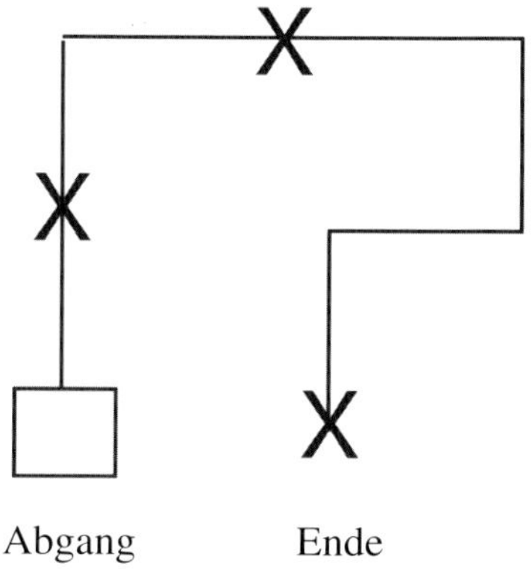

2. »Stuhl«

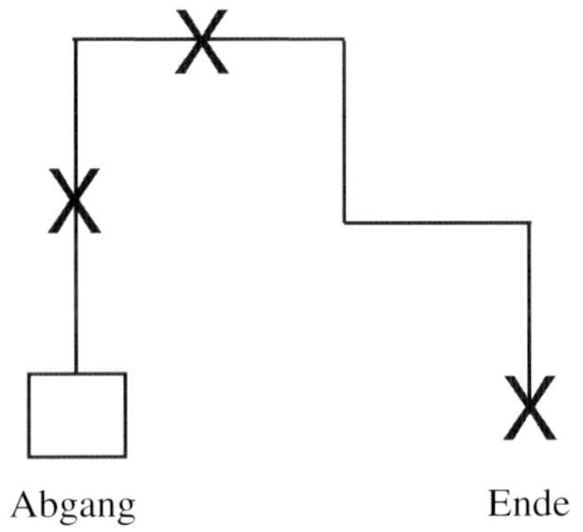

3. Doppeltes - U -

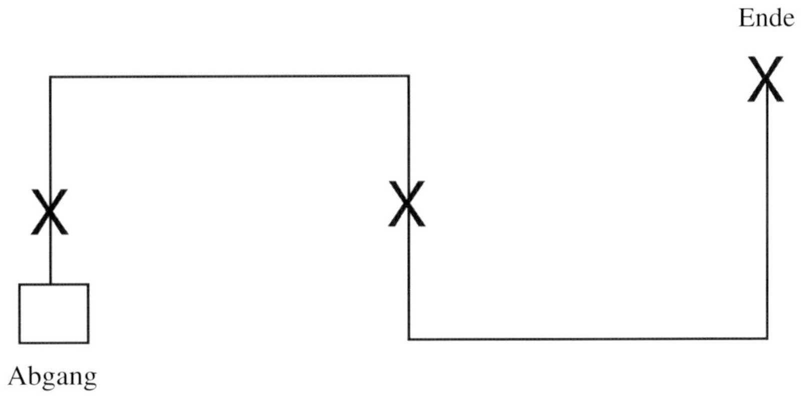

Meine folgenden Erklärungen beziehen sich auf das Thema »Verleitungen«, die ich meinem Hund lege, wenn ich ihn für die VPG 3 vorbereite. Ich nutze für diese Übung das offene - R -. Wie bereits an anderer Stelle hingewiesen, erstelle ich immer eine Skizze, in der ich alle wichtigen Punkte der Fährte festhalte. In dieser Skizze sind der Abgang, alle Schenkel und Winkel sowie die ausgelegten Gegenstände eingezeichnet. Nach Ablage des letzten Gegenstandes, gehe ich noch etwa fünfzehn Schritte in gerader Richtung weiter und kehre in einem Bogen, im Abstand von etwa zwanzig Schritten, zur Mitte des letzten Schenkels zurück. Dort bleibe ich etwa fünf Minuten stehen.

Anschließend lege ich die Verleitung, so wie es aus der folgenden Skizze ersichtlich ist.

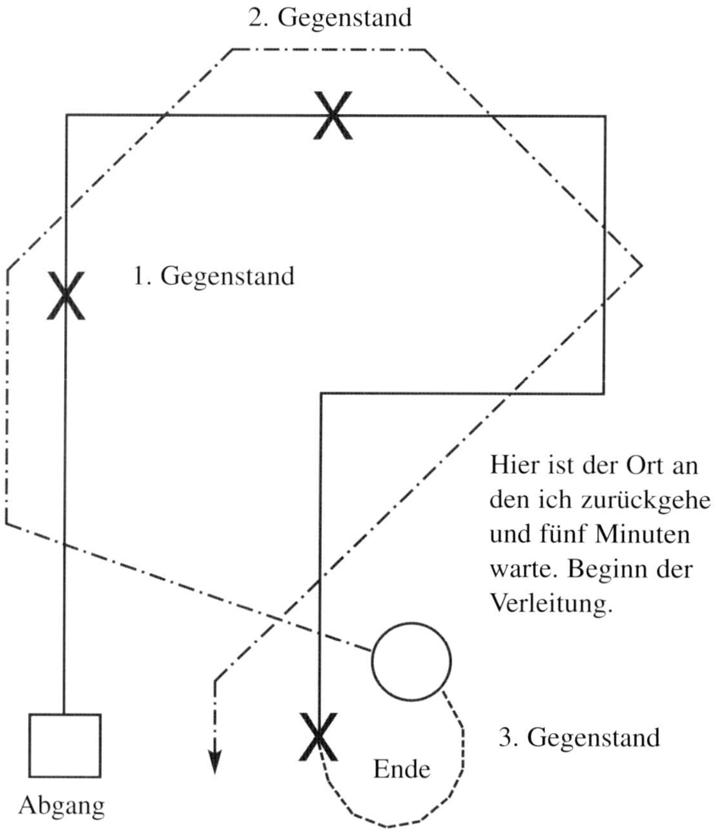

Die Verleitungsfährte ist als Strich-Punktierte Linie gekennzeichnet.

So wie ich vorher die Verleitungsfährte gelegt habe, tat ich dies auch in Begleitung eines schon sehr führigen Hundes. Ich habe diesen Hund vor dem Legen der Fährte in einem Abstand von etwa zwanzig Schritten seitlich neben dem ersten Schenkel - zwischen dem Abgang und dem ersten Gegenstand - abgelegt. Nachdem ich die Fährte gelegt, meine Warteposition eingenommen hatte und die Zeit verstrichen war, wurde der abgelegte Hund abgerufen. Er musste dann den ersten und letzten Schenkel überqueren, um mich zu erreichen. Im Anschluss daran habe ich erneut den letzten sowie den ersten Schenkel mit bei Fuß gehendem Hund überquert, aber so, dass ich nun den ersten Schenkel zwischen dem 1. Gegenstand und dem 1. Winkel übergehen musste. Der Hund wurde dann wieder neben dem Schenkel abgelegt. Die Verleitungen wurden von mir, wie in der Skizze beschrieben, bis neben den 3. Schenkel weiter verlegt, und von dort wurde der Hund erneut abgerufen. Ich habe dann, mit frei bei Fuß gehendem Hund, die Verleitungsfährte zu Ende gelegt. Der Hund, mit dem ich später diese Fährte ausgearbeitet habe, hatte keine dieser Verleitungen mehr angezeigt.

Durch meine intensive Arbeit mit meinen Hunden habe ich sie sehr gut kennen gelernt und sie zu sicheren Arbeitern in dieser Disziplin erzogen. So, wie ich Wildwechsel, Wassergraben, Bachläufe und Wege für die Ausbildung der Hunde in der Fährte genutzt habe, habe ich auch Brachland und gepflügten Acker einbezogen. Eben alles, was Sie sich vorstellen können, blieb meinen Hunden nicht erspart. Auch bei Regen und Schneefall habe ich mit meinen Hunden in der Fährte gearbeitet. Ich konnte hierbei feststellen, dass ein bis zu fünf Zentimeter zugeschneiter Gegenstand für sie keine Schwierigkeit war.

Meine Hunde und ich waren immer Freunde und diese Freundschaft beruhte auf der Basis gegenseitigen Vertrauens.

DAS TRAINING UND DIE AUSBILDUNG ZUM FÄHRTENHUND

Die Fährte für diese Prüfung ist zum einen länger, und es werden von der PO sechs rechte Winkel und sieben Schenkel gefordert. Außerdem müssen auf dieser Fährte vier dem Hund fremde Gegenstände ausgelegt werden. Die Liegezeit der Fährte beträgt mindestens drei Stunden. Die Verleitungsfährte muss über drei der sieben gelegten Schenkel führen. Einzelheiten hierüber sind in der PO nachzulesen.

Die Fährte ist so zu legen, und das muss der Fährtenleger berücksichtigen, dass das Gelände ausreichend Bodenwechsel aufweist. Die PO fordert unter anderem auch den fährtenreinen Hund, der nicht auf gleichaltrige Fährten überwechselt. Fährtenreinheit hat mit nur gleichaltrigen Fährten alleine aber nichts zu tun. Wer Most (s. Anhang) richtig gelesen hat - er befasste sich sehr intensiv mit der Erforschung des Geruchsinnes unseres Hundes - hat auch erkannt, dass Fährtenreinheit noch andere Kriterien beinhaltet als nur die Gleichaltrigkeit einer Kreuzungsfährte. Der normalsterbliche Hundeführer kann mit seinen Mitteln, die ihm in der Ausbildung zur Verfügung stehen, den fährtenreinen Hund nie erkennen. Auch der Leistungsrichter hat bei einer Fährtenhundprüfung hierzu nicht die Möglichkeiten. Ein fährtenreiner Hund ist um ein Vielfaches seltener als ein V-Auslese Hund bei einer SV-Bundessieger-Zuchtschau.

Meine Aufgabe sehe ich heute darin, meine Erfahrungen und Erkenntnisse an die Hundeführer und Liebhaber des Schutz- und Gebrauchshundes weiterzugeben.

Alles, was Sie über die FH wissen müssen, können Sie aus der jeweils gültigen PO entnehmen. Auf die wichtigsten Dinge gehe ich aber trotzdem ein, da sie oftmals überlesen oder nicht beachtet werden.

Der erste Gegenstand kann erst nach 250 Schritten gelegt werden, und es ist möglich, dass er aus diesem Grund erst im zweiten Schenkel liegt. Ich habe zum Beispiel, bevor der Hund eine normale FH-Fährte gelegt bekam, erst mit einer Spirale begonnen. Geeignet ist eine Wiese mit angrenzendem Acker.

Die folgende Skizze wird Ihnen dies verdeutlichen.

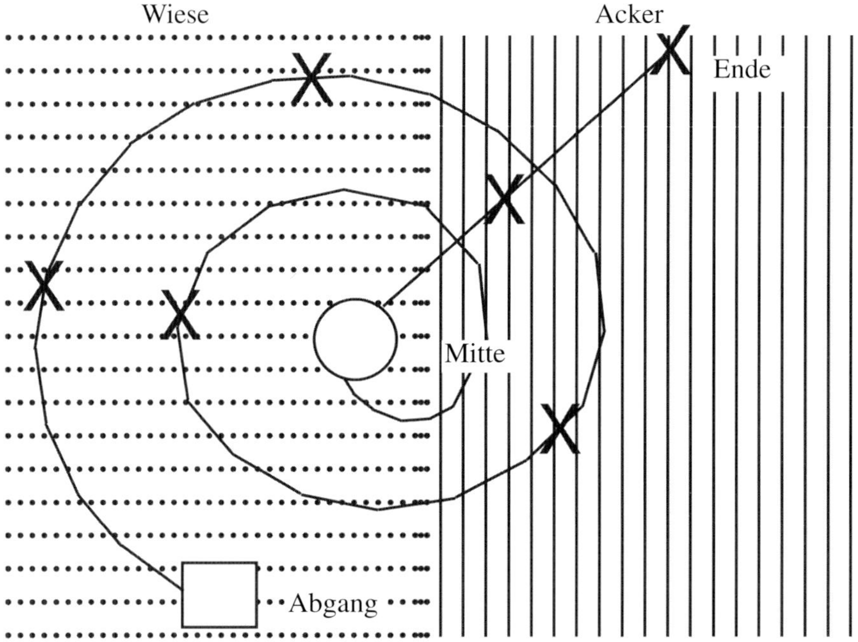

Ich lege die Spirale in drei oder vier Windungen. Sie kann links oder auch rechts herum gelegt werden. Im gezeichneten Falle gehe ich rechts herum und beginne in der Wiese. Die Bogen werden so gelegt, dass zwischen dem Fährtenverlauf ein Abstand von etwa zehn Metern, bei kleiner werdendem Radius, beibehalten wird. Bin ich in der Mitte angekommen, warte ich dort fünf Minuten und lege dann, indem ich meine Fährte überquere, den letzten Schenkel im spitzen Winkel über die Furchen des Ackers. Bei dieser Fährte lege ich fünf bis sechs Gegenstände aus.

Zum Schluss meiner Ausführungen zur Fährtenarbeit zeige ich Ihnen - an Hand der folgenden Skizze - eine Spezialfährte, die ich mir ausgedacht hatte und mit der ich erfolgreich meine Hunde überprüft habe. Ich konnte bei der Ausarbeitung dieser Fährte feststellen, wie sie sich an einem Kreuzungspunkt einer Fährte verhalten, der die gleiche Witterung der Ansatzfährte hat, aber nur durch geringe Zeitdifferenzen am Kreuzungspunkt für den Hund zu erkennen war.

Sie benötigen für diese Fährte eine Flagge - einen Besenstiel mit einem Stück weißem Papier reicht aus - und drei weiß gestrichene Dübelhölzer, je 0,80 m lang. Die Flagge wird gut sichtbar, wie aus der Skizze zu ersehen ist, in die Erde gesteckt. Die Dübelhölzer werden im Fährtenverlauf nach der Flagge und einem markanten Punkt im Gelände so ausgerichtet, dass sie eine Flucht bilden. Die Stäbe werden beim Legen der Fährte in der Flucht ausgerichtet und in die Erde gesteckt. Die Fährte hat neun Schenkel und acht Winkel, wobei der siebte ein spitzer Winkel ist. Nach dem achten Winkel folgt die letzte Gerade, und beim Legen dieser Geraden entferne ich an den Kreuzungspunkten die Dübelhölzer. Ich lege bei dieser Fährte neun Gegenstände aus.

Nun folgt die Beschreibung zum Legen der Fährte, wie sie in der Skizze dargestellt ist. Begehen Sie den Abgang, etwa einen Quadratmeter groß,

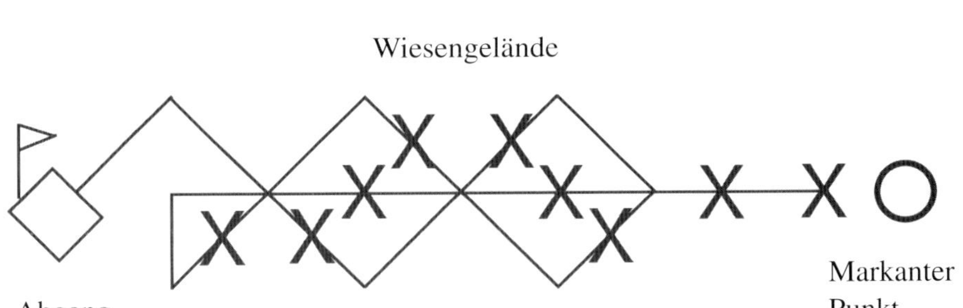

und bleiben Sie dort eine Minute stehen. Beachten Sie, dass die Schenkel in langsamer Gangart und kurzen Schritten begangen werden. Die Winkel möglichst genau im rechten Winkel legen. Der erste Schenkel ist fünfzig Schritte lang. Nach dem ersten Winkel gehen Sie nochmal fünfzig Schritte und stecken den ersten Stab an der in der Skizze mit einem Kreuz gekennzeichneten Stelle in Fluchtlinie in die Erde. Dies ist die Mitte des zweiten Schenkels.

Nun legen Sie in den folgenden fünfzig Schritten des zweiten Schenkels, etwa in der Mitte vom Kreuzungspunkt bis zum zweiten Winkel, den ersten Gegenstand ab. Nach dem zweiten Winkel verfahren Sie wie beim Legen des zweiten Schenkels, legen den dritten Schenkel, stecken den Stab an der in der Skizze mit einem Kreuz gekennzeichneten Stelle in die Erde. Danach legen Sie den zweiten Gegenstand, wie vorher beschrieben, ab.

Es folgt nun der dritte Winkel und vierte Schenkel, wobei Sie jetzt beachten müssen, dass der vierte Schenkel nur fünfzig Schritte hat, und dann der vierte Winkel gelegt wird. Am vierten Winkel wird der dritte Stab gesteckt, und der Rückweg im fünften Schenkel beginnt. Nun legen Sie nach etwa 25 Schritten den dritten Gegenstand, und nach weiteren 25 Schritten folgt der fünfte Winkel.

Jetzt können Sie im sechsten Schenkel nach Überquerung des zweiten Stabes - er bleibt stehen - den vierten Gegenstand ablegen. Es folgt nun der sechste Winkel. Im siebten Schenkel verfahren Sie nach Überquerung des ersten Stabes so, wie Sie es im sechsten Schenkel gemacht haben. Nach dem ersten Stab liegt dann in der Mitte bis zum siebten Winkel der fünfte Gegenstand. Der siebte Winkel ist ein spitzer Winkel. Nun gehen Sie zur Mitte, legen auf der Fluchtlinie den achten Winkel, der wieder als rechter Winkel auszuführen ist. Es folgt nun die Gerade, die auf der Fluchtlinie, zwischen Abgang und dem markanten Punkt im Gelände, verläuft. Sie erkennen die Gerade an den von Ihnen gesteckten Stäben, welche Sie jetzt beim Legen der letzten Geraden wieder entfernen. Die restlichen Gegenstände legen Sie auf diesem Schenkel aus. Er muss mindestens einhundert Schritte über den Winkel, wo Sie den dritten Stab entfernt haben, hinausgehen. Dort wird der letzte Gegenstand ablegt.

Beim Ausarbeiten dieser Fährte hat der Hund lediglich am ersten Kreuzungspunkt und am spitzen Winkel Schwierigkeiten. Wenn Ihr Hund am ersten Kreuzungspunkt ankommt, beobachten Sie ihn und lassen ihn arbeiten. Bleiben Sie ruhig stehen und wirken Sie auch nur, in ruhigem Tonfall wenn er falsch geht, mit den Hörzeichen »Pfui, Such« ein. Sucht er dann richtig, sagen sie nur ebenso ruhig »So ist's brav« und lassen Ihren Hund weiterarbeiten. Sie werden feststellen, dass Ihr Hund an den folgenden Kreuzungspunkten und an den Gegenständen keine wesentlichen Fehler macht. Vorsicht ist nur noch am spitzen Winkel geboten.

VORSICHT ELEKTROSMOG!

Zum Schluss meiner Ausführungen zur Fährtenarbeit möchte ich Ihnen ein Erlebnis schildern, das ich während der Zeit meiner Leistungsrichter-Tätigkeit hatte und das mich zum Nachdenken anregte. Bei einer SchH 3 Prüfung lag die Fährte in einer sehr feuchten und morastigen Wiese. Über den Fährtenverlauf, im dritten oder vierten Schenkel, führte eine Hochspannungsleitung. Der Hundeführer war ein Polizeibeamter, der mir erzählte, dass sein Hund im Einsatz als Diensthund in der Fährte schon einige Erfolge hatte. Bei dieser Fährte jedoch hatte der Hund in dem Schenkel, der unter der Hochspannungsleitung hindurch führte, große Schwierigkeiten. Der Hundeführer konnte es sich nicht erklären, warum sein Hund in diesem Schenkel so schlecht gearbeitet hatte, in den anderen Schenkeln und Winkeln aber kaum beanstandet werden konnte. Meine Vermutung war, dass durch die Hochspannungsleitung, die über diesen Schenkel führte, ein elektrisches Feld entstand, oder elektrische Wellen vorhanden waren, die eine Störung des Geruchszentrums im Gehirn des Hundes hervorriefen. Diese Beobachtungen habe ich bei späteren Prüfungen und ähnlichen Verhältnissen wiederholt festgestellt und ich kam zu der Auffassung, dass Hochspannungsleitungen im Fährtengelände unsere Hunde bei der Fährtenarbeit beeinflussen können. Mir ist nicht bekannt, dass Forschungsarbeit in dieser Richtung schon gemacht wurde. Ich kann auch nicht behaupten, dass meine Beobachtungen richtig sind, aber Anregung geben, dieses Phänomen im Auge zu behalten. Als neue Variante zum Thema »Elektrosmog«!?

DAS SPIEL MIT DEM MENSCHEN

Nachdem ich Ihnen die wichtigsten Punkte der Erziehung des Welpen erklärt habe, muss ich nochmals auf das Buch von Eberhard Trumler - »Mit dem Hund auf Du« - hinweisen. Er schrieb in diesem Buch, dass Hunde, die das Spiel nur mit Artgenossen erlernten, das Spiel mit dem Menschen ablehnen. Auch ich lernte solche Hunde kennen und habe festgestellt, dass Tiere, die das Spiel mit dem Menschen ablehnen, nur mit großen Schwierigkeiten ausgebildet werden können.

Haben Sie sich einen Welpen gekauft, der schon älter als ein halbes Jahr ist und freudig das Spiel mit Ihnen annimmt, können Sie ohne Bedenken meine Empfehlungen der Erziehung mit diesem Hund anwenden. Bedingt durch sein Alter, wird er es immer wieder versuchen, sich durchzusetzen und den Gehorsam verweigern. Diesem Hund müssen Sie öfter als dies beim Welpen nötig ist zeigen, wer der Meuteführer ist, wenn Sie

Meuteführer bleiben wollen. Bleiben Sie unbedingt bei der Erziehung und Ausbildung konsequent und verwenden die artgebundenen Strafen. Die Ausbildung eines solchen Hundes kostet Sie mehr Kraft, Ausdauer und Geduld, aber der Erfolg wird nicht ausbleiben.

Unterordnungs-leistungen

GEHORSAM KOMMT NICHT VON ZWANG

Das Wort »Unterordnung« wird von vielen Hundesportlern falsch gedeutet. Sie fordern nicht den unbedingten Gehorsam, sondern erziehen ihren Hund zur Unterwürfigkeit. Bei der Erziehung des Welpen habe ich bereits darauf hingewiesen und den Begriff der Rangordnungphase erläutert. Der Hund kennt seine Rangordnung und wird bei richtigem Übungs- oder Lehrverhalten seines Meuteführers (Hundeführers) seinen Gehorsam zeigen. Ein in allen Belangen gesunder Hund wird immer die gelernten Übungen so korrekt zeigen, wie der Hundeführer es verstanden hat, ihm die Übungen, die die PO vorschreibt, beizubringen.

Der Hund soll das Erlernte auf dem Übungsplatz freudig zeigen. Es ist aber beim Erlernen einer Übung ab und zu erforderlich, strafend einzuwirken. Wenn ich auch im Anschluss an die Strafe wieder gelobt habe, so ist die Strafe danach auf dem Übungsplatz erfolgt, und der Hund bringt sein Erlebnis immer mit dem Übungsplatz in Verbindung. Aus diesem Grund wird er dann seine Übungen der Unterordnung nicht zu unserer Zufriedenheit und freudig erbringen. Wir sollten auch immer daran denken, dass Strafen nur sinnvoll sind, wenn ich mir sicher bin, dass mich mein Hund zwar verstanden hat, er aber das Verlangte nicht ausführen will.

Je nach Entwicklung habe ich mit meinen Welpen ab dem achten Monat mit dem Erlernen korrekter Übungen begonnen. Dies geschah aber nicht auf dem Übungsplatz, sondern beim Spazierengehen. So begann ich mit der Leinenführigkeit, etwa zehn Minuten, danach habe ich wieder mit meinem Hund gespielt und den Spaziergang fortgesetzt. Sie müssen aber darauf achten, dass der Hund sich zuvor gelöst hat, wenn Sie mit der Arbeit beginnen. Sollte der Hund dann einmal gestraft werden müssen, so geschieht es außerhalb und er verbindet die Strafe nicht mit dem Übungsplatz.

Die Übungen, die der Hund auf diese Art erlernt hat und zu meiner Zufriedenheit ausführt, habe ich auf den Übungsplatz übertragen. Auch dann, wenn die Übung noch Mängel zeigte, habe ich meinen Hund gelobt und dann mit ihm gespielt. So habe ich eine Übung nach der anderen meinem Hund beigebracht und auf den Übungsplatz übertragen, ohne auf diesem Platz strafend eingewirkt zu haben. Das hatte zur Folge, dass der Hund auf dem Übungsplatz in erster Linie Lob erfuhr und seine Arbeit freudig ausführte.

Was heute sehr bedauerlich ist, ist die Tatsache, dass in den meisten Vereinen keine Gruppenübung in der Leinenführigkeit mehr gefordert wird. Es war eine gute Gewöhnungsübung für den Hundeführer und für die Hunde. Wenn heute ein Hundeführer mit seinem Hund die VPG 1 hat, ist er sich schon zu gut, um sich an diesen Übungen zu beteiligen. Diese Übung dauert nur etwa zehn Minuten, aber niemand hat mehr Zeit dafür.

Diese Aussage mache ich aus einem bestimmten Grund: In meinen Erläuterungen der Sozialisierungs- und Rangordnungsphase habe ich erklärt, wie schnell ein Welpe in dieser Zeit die Hörzeichen erlernt. Beim Spazierengehen im Wald habe ich beobachtet, dass der Welpe Baumstämme mit einem Durchmesser von dreißig Zentimern mühelos im Freisprung überspringt. Dieses Verhalten habe ich genutzt, den Welpen an die Leine genommen und ihn mit dem Hörzeichen »Hopp« über das Hindernis im Hin- wie auch im Rücksprung geführt.

Für den Gruppenübungsdienst habe ich deshalb eine transportable Hürde gefertigt. Sie wurde von den Hundeführern mit ihren Hunden zum Erlernen des Hörzeichens benutzt. Von Vorteil war außerdem, dass bei dieser Übung auch Hunde geführt wurden, die bereits den Freisprung über Hindernisse beherrschten und durch ihr Verhalten die Jungtiere veranlassten, es ihnen nachzumachen. Dass die Hundeführer mit ihren Hunden in einer Reihe hintereinander über das Hindernis mit Abgabe des Hörzeichens »Hopp« hinweg gingen, versteht sich von selbst. Wenn alle das Hindernis überquert hatten, erfolgte eine Kehrtwendung und der Rücksprung wurde ausgeführt.

Wenn ich sagte, dass ich etwa mit dem achten Monat die korrekte Arbeit mit dem Welpen beginne, dann nur, wenn der Welpe, in Bezug seiner körperlichen Reife, schon gefordert werden kann. Der Freisprung über die einen Meter hohe Hürde darf nicht geübt werden, bevor der Hund ein Jahr alt ist.

Die korrekte Leinenführigkeit ist der Schlüssel zu den folgenden Übungen der Unterordnungsleistung. Die Freifolge sollte mit einem Hund, der die Leinenführigkeit noch nicht korrekt beherrscht, nicht begonnen werden. Denken Sie stets daran, dass zu langes Üben den Hund auch lustlos machen kann. Länger als täglich zehn Minuten beim Ausführen ist ausreichend. Das Lob und das Spielen mit dem Hund nie in den Hintergrund drängen, es ist die Nahrung für sein Seelenleben.

Ein Hund, mit dem ich am Tage arbeiten will, darf vor der Arbeit nicht gefüttert werden, sonst ist er träge und will ruhen. Gültig für den Hundeführer sollte aber Folgendes sein: Wenn Sie Erfolg mit Ihrem Hund haben wollen, lesen Sie die Prüfungsordnung. Ihr Hund kann dies für Sie nicht tun und er macht immer das, was er von Ihnen lernt. Bauen Sie Fehler in Ihre Arbeit mit dem Hund ein, wird dies immer das Punktekonto, wie auch die Hundeführerfehler, Ihres Hundes belasten.

Wenn Sie einen Hund für eine Prüfung vorbereiten, erarbeiten Sie sich eine Kür wie ein Eiskunstläufer, denn nur so ist es möglich, bei Prüfungen zu hohen Punktezahlen zu kommen. Unbedingten Gehorsam außerhalb des Übungsplatzes und beim Gruppenübungsdienst fordere ich auch. Aber eine VPG-Prüfung ist ein sportlicher Wettstreit, bei dem ich es meinem Hund so leicht wie möglich mache, seine Leistung zu erbringen. Ich glaube, dass das die wichtigsten Ratschläge sind, die ich dem Hundeführer mit auf den Weg geben kann.

DIE LEINENFÜHRIGKEIT

Die PO schreibt vor, dass jede Übung in der Grundstellung beginnt. Der Hundeführer steht mit geschlossenen Beinen und gerade bei Fuß sitzendem Hund in Laufrichtung dort, wo er mit der Übung beginnen will. Er muss eine vorgeschriebene Anzahl Schritte auf einer Geraden vorwärts und nach einer Kehrtwendung wieder zurückgehen, bevor er die Wendungen ausführt. Beim Zurückgehen ist die langsame Gangart und der Laufschritt zu zeigen. Nach den Wendungen erfolgt das Gehen durch die Gruppe. Für diese Übung benötigen Sie eine kurze Führleine, die bei angeleintem Hund leicht durchhängen muss. Eine Leine also, die ich ohne Schwierigkeiten in die Tasche stecken kann

Das Angehen erfolgt durch das Hörzeichen »Fuß«. Zu beachten ist beim Angehen, dass ich nach Abgabe des Hörzeichens »Fuß« kurz verharre und dem Hund eine Chance gebe, mit seinem Schulterblatt in Kniehöhe des Hundeführers zu folgen. Der Hundeführer kann dies noch unterstützen, wenn er mit dem linken Fuß angeht und so den Hund mitnimmt. Außerdem sollte der Hundeführer beim Üben mit dem jungen Hund die Führleine in der rechten Hand halten, damit er den Hund bei Wendungen besser unter Kontrolle hat und die linke Hand zum Loben frei bleibt. Wenn der Hundeführer das Anhalten zeigt, soll sich der Hund ohne das Hörzeichen »Sitz« selbstständig und schnell absetzen. Beim Üben habe ich noch die Möglichkeit, Hörzeichen zu benutzen, und kann mit der Leine sowie mit der linken Hand die erforderlichen Hilfen und Korrekturen geben. Der Hund erlernt durch diese Hilfen sehr schnell, die Übung korrekt auszuführen.

In der meisten Zeit, so war es bei mir, war ich mit meinem Hund allein und hatte keine Personen, die mir als Gruppe zur Verfügung standen. In den Übungsstunden und bei den Prüfungen ist dieser Personenkreis da und wird vom Übungswart mit dem Wort »Gruppe« auf den Platz gerufen. Die Hunde erlernen und verknüpfen dieses Wort sehr schnell und wissen, wie die Übung weiter abläuft. Aus diesem Grund habe ich mir, wenn ich mit meinem Hund alleine war, angewöhnt, grundsätzlich nach Beendigung der Wendungen, das Wort »Gruppe« lautstark zu verwenden und den Hund auf das Gehen durch die Gruppe einzustellen. Ich habe dann das Gehen durch die nicht vorhandene Gruppe nur rechts herum in flotter Gangart in engem Kreisbogen geübt und ihn mit der in der rechten Hand gehaltenen Führleine korrekt bei Fuß gehalten. Wenn eine Gruppe vorhanden war, habe ich rechts herum begonnen und danach die Übung links herum in Form einer Acht beendet. Es erfolgte das geforderte Halten, wobei sich der Hund bei »Fuß« absetzen muss.

Haben Sie Ihren Hund so vorbereitet und sind mit der Arbeit Ihres Hundes zufrieden, beginnen Sie dann, Ihren Hund mit der linken Hand zu führen. Gewöhnen Sie es sich aber ab, den Unterarm und die Führhand, mit der Sie Ihren Hund an der Leine führen, steif und verkrampft unterhalb der linken Brustseite zu halten. Gehen Sie normal und bewegen Sie Ihren Führarm so, wie Sie sonst auch gehen würden. Sie bewegen dann Ihren Arm vor und zurück, und durch die leicht durchhängende Leine erhält der Hund bei jeder Bewegung einen leichten Zug oder Ruck. Beim Vorprellen oder Nachhängen ist das dem Hund unangenehm und er sucht sich die Stelle bei seinem Hundeführer, wo er am wenigsten gestört wird: Er geht dann mit seinem Schulterblatt beim Hundeführer korrekt in Kniehöhe. Wie bereits erwähnt, sollte man die Übungen, die außerhalb des Übungsplatzes erlernt wurden, erst dann auf den Übungsplatz übertragen, wenn man sicher ist, dass man keinen Druck mehr auf den Hund ausüben muss. Er soll auf diesem Platz seine Freude an der Arbeit haben, denn er hat sich gemerkt: Wenn wir fertig sind, kommt das Spiel.

DIE FREIFOLGE

Zur Freifolge haben die gleichen Richtlinien Gültigkeit, wie ich das bei der Leinenführigkeit erklärt habe. Wenn der Hund richtig auf seinen Hundeführer orientiert erzogen wurde und der Hundeführer nicht unbeherrscht mit seinem Hund arbeitet, wird sich auch bei dieser Übung der Erfolg schnell einstellen. Bei dieser Übung fehlt aber jetzt die Führleine, die bisher zur Korrektur hilfreich eingesetzt werden konnte. Ich habe mir deshalb für diese Arbeit etwas anderes einfallen lassen. Dass der Hund mit leerem Magen bereitwilliger die gewünschten Arbeiten ausführt, ist bekannt. Ein guter Futterverwerter lernt auch schneller, denn auch bei unseren Hunden geht die Liebe scheinbar durch den Magen.

Sie kennen sicher die Frühstücksbeutel aus Plastikfolie. Einen solchen Beutel benutze ich zum Umhängen und zur Futtergabe beim Üben. An diesem Beutel schneidet man die Ecken am unteren Ende ab. Ein ausreichend langer, runder Schnürsenkel wird durch die eine abgeschnittene Ecke des Beutels hindurchgezogen und zum Auffädeln der Fleischwurstscheiben verwendet. Die Haut der Fleischwurst wird abgezogen und die

Wurst in dünne ovale Scheiben geschnitten. Zehn bis zwölf Scheiben sind für die Dauer der gesamten Unterordnungsleistung ausreichend. Mit diesem Ende des Schnürsenkels, auf dem sich die Wurstscheiben befinden, gehe ich nun durch die andere Ecke des Beutels wieder heraus und binde den Schnürsenkel mit dem anderen Ende zusammen. Die Wurst befindet sich nun im Innern des Beutels und kann so, ohne dass ich mir die Kleidung verschmutze, auch unter einer Jacke beim Üben getragen werden.

Hat ein Hund einmal gesehen, wenn er bei »Fuß« neben Ihnen sitzt, dass Sie Wurst aus diesem Beutel nehmen und im Mund verschwinden lassen, lässt er Sie nicht mehr aus dem Auge! Wenn Sie die Wurst dann auch noch ein Stück aus dem Mund herausschauen lassen, es abbeißen und ihm ein Stück in sein Maul fallen lassen, haben Sie in kurzer Zeit einen sehr aufmerksamen Hund.

Ich konnte feststellen, dass es später ausreichte, wenn er nur die Zungenspitze sah. Bei der Übung Platz oder Steh, in Verbindung mit Herankommen, ein großer Vorteil. Beim Üben ist alles erlaubt, wenn es unserem Hund hilft. Bei einer Prüfung kann ich keinen Beutel mit Futter umhängen, aber ich kann, bevor ich auf den Platz gehe, meinem Hund ein Stückchen Wurst aus dem Mund geben, was dann auch zum Erfolg führt. Bei der Übung Freifolgen ist dies, so glaube ich, ein guter Ersatz für die Führleine.

Ein weiterer Vorteil, den Hund auf diese Art zu loben, ist folgender: Habe ich das Futter in der linken Tasche, bleibt er zurück, trage ich es in der rechten Tasche bei mir, neigt er zum Vorprellen und läuft mir ständig vor den Füßen herum.

Übrigens: Unser Hund passt sich dem Schritt des Hundeführers an. Ein großer Hundeführer hat, bedingt durch seine Größe, auch eine größere Schrittlänge. Dieses Gehen mit großen Schritten lässt das Vorführen langsam aussehen, was aber mit Sicherheit nicht der Fall ist. Der kleine Hundeführer hat dieses Problem nicht, er macht kürzere Schritte, muss aber schneller gehen, um in der gleichen Zeit die selbe Strecke zurückzulegen wie eine große Person. Dieser Umstand zeigt beim Hund die Reaktion, dass er bei einem kleineren Hundeführer augenscheinlich freudiger und schneller seine Übungen zeigt. Bei der langsamen Gangart ist es angebracht, die Schritte groß und langsam auszuführen, da der Hund auf diese Art zu gehen reagiert, und ebenfalls eine langsamere Gangart ausführt. Diese Erklärung ist auch für die Leinenführigkeit gültig, ich habe mir lediglich eine Wiederholung meiner Aussage erspart.

DIE SITZÜBUNG

Das Hörzeichen zu dieser Übung haben meine Hunde bereits während der Sozialisierungsphase erlernt. Aus diesem Grund hatte ich nie Schwierigkeiten mit dieser Übung, wenn die korrekte Arbeit begann. Der Hund kennt von der Leinenführigkeit und von der Freifolge her, dass er sich, wenn der Hundeführer stehen bleibt, schnell und ohne weiteres Hörzeichen, setzen muss. Beim Üben allerdings habe ich das Hörzeichen noch gegeben, um den Hund daran zu gewöhnen. Die PO schreibt jedoch nach Abschluss der Entwicklung zur Sitzübung das Hörzeichen »Sitz« vor. Die Entwicklung beginnt in der Grundstellung und muss mindestens zehn Schritte betragen. Wenn ich mit dieser Übung beginne, führe ich den Hund mit der rechten Hand an der Leine, dehne die Schrittzahl auf etwa zwölf Schritte aus, gebe das Hörzeichen »Sitz« und bleibe im gleichen Moment stehen. Beim Stehenbleiben ziehe ich die Führleine nach oben und drücke den Hund mit meiner linken Hand auf der Kruppe zum schnellen Sitzen nieder. Hat sich der Hund gesetzt, wirke ich mit ruhiger Stimme »Bleib« auf den Hund ein. Anschließend lege ich ihm die Leine über den Rücken, wobei ich das Wort »Bleib« mehrfach wiederhole und entferne mich rückwärts etwa einen Meter von meinem Hund. In dieser Entfernung stehe ich meinem Hund gegenüber und gehe im Halbkreis von der einen zur anderen Seite des Hundes. Bleibt er sitzen, lobe ich ihn mit den Worten »So ist's brav« und gehe, von vorn kommend, sofort auf seine rechte Seite zurück. Ich stehe dann wieder in Grundstellung neben meinem Hund.

Wenn ein Hund beim Erlernen einer Übung diese zu Ihrer Zufriedenheit ausgeführt hat, wiederholen Sie diese Übung nicht noch einmal, sondern loben Sie ihn ausgiebig und spielen Sie mit ihm. Das nächste Mal machen Sie das gleiche wie ich es oben beschrieben habe, aber dann können Sie sich schon etwas weiter vom Hund entfernen. Nach meiner Erfahrung können Sie beim dritten Mal die Leine weglassen und fünf Meter entfernt in Blickrichtung zum Hund stehen bleiben. Aber die Einwirkung »Bleib« sowie das Loben »So ist's brav« nicht vergessen.

ABLEGEN IN VERBINDUNG MIT HERANKOMMEN

Auch diese Übung beginnen Sie mit der Leine, verwenden aber jetzt nicht mehr die kurze Führleine, sondern die lange. Die PO weist für diese Übung drei Hörzeichen aus: »Platz«, »Hier« und das Hörzeichen »Fuß«. Sie verfahren so, wie ich dies schon bei der Sitzübung beschrieben habe. Nach Ausführung der Entwicklung erfolgt das Hörzeichen »Platz«. Gleichzeitig geben Sie mit der linken Hand einen Klaps auf den Widerrist. Die Hörzeichen »Bleib« und »So ist's brav« geben Sie, wie vorher bei der Sitzübung beschrieben. Die lange Führleine wird jetzt, wenn Sie sich vom Hund entfernen, vor dem Hund auf der Erde ausgelegt.

Mit den Hörzeichen »Bleib« und »So ist's brav«, wenn er liegen bleibt, gehen Sie zwei- oder dreimal im Halbkreis vor dem Hund von einer Seite zur anderen. Dann gehen Sie mit gespreizten Beinen von vorn kommend und mit dem Hörzeichen »Platz« über Ihren Hund hinweg. Das Gleiche machen Sie von hinten oder auch von der Seite kommend. Wenn er aufstehen will, müssen Sie sofort und hart mit dem Hörzeichen »Platz« sein Vorhaben unterbinden. Bleibt er liegen, stellen Sie sich wieder vor Ihren Hund, nehmen die Führleine mit gleichzeitigem Hörzeichen »Platz« in die Hand und lassen den Hund etwa eine halbe Minute warten. Dann geben Sie das Hörzeichen »Hier« und gehen gleichzeitig ein paar Schritte rückwärts, bleiben stehen und lassen den Hund vorsitzen.

Sitzt der Hund nicht gerade vor, korrigieren Sie ihn. Ich empfehle dazu folgendes Vorgehen: Gehen Sie einen halben Schritt zurück, geben nochmals das Hörzeichen »Hier«, und sobald der Hund Ihnen nachgehen will, gehen Sie mit dem Hörzeichen »Sitz« den halben Schritt wieder vor in ihre alte Position. In den meisten Fällen führt dies zum Erfolg. Auch die Futtergabe aus dem Mund kann hier hilfreich sein.

Aus dem Vorsitzen ins »Bei Fuß«

Hat der Hund das Vorsitzen gezeigt, müssen Sie das Hörzeichen »Fuß« geben, so wie es die PO fordert. Der Hund kann rechts herum gehen, oder Sie lehren ihn, dass er links vor dem Hundeführer herum bei Fuß springt. Persönlich ziehe ich das Letztere vor, denn ich habe den Hund so ständig unter Kontrolle.

Am besten gehen Sie dabei so vor: Wenn der Hund vorsitzt, nehmen Sie die linke Hand, die Handfläche zeigt nach unten. Dann drehen Sie Ihre Hand so, dass der Daumen nach unten zeigt. Nun versuchen Sie, mit dieser Handstellung seitlich vom Nacken des Hundes das Halsband zu ergreifen. Wirken Sie aber hierbei mit dem Hörzeichen »Sitz« ein, denn alles, was dem Hund fremd ist, kann ihn unruhig machen. Dann heben Sie den Hund an, und geben gleichzeitig das Hörzeichen »Fuß«. Bei diesem Vorgang drehen Sie Ihre Hand wieder in die normale Stellung zurück. Wenn Sie dies zweimal gemacht haben, springt der Hund beim dritten Mal, sobald er das Hörzeichen hört, alleine bei »Fuß«.

Die Korrektur, wenn er nicht in der gewünschten Position sitzt, erfolgt mit der linken Hand. Sie sollten nicht vergessen, dass sich Ihr Hund bei dieser Übung einem leichten Zwang beugen muss. Es ist daher sehr wichtig, ihn anschließend zu loben und zu beruhigen. Sind Sie nun mit Ihrem Hund in der Ausbildung so weit fortgeschritten, dass Sie bei dieser Übung keine Leine mehr zur Unterstützung benötigen, können Sie jetzt auch bei dieser Übung den Futterbeutel benutzen.

Und jetzt alles zusammen

Vergessen Sie bitte nicht, dass dies alles noch außerhalb des Übungsplatzes geübt wird. Hängen Sie sich jetzt den Beutel um, und nehmen mit Ihrem Hund die Grundstellung ein. Der Beutel wird noch für den Hund sichtbar getragen. Sie nehmen nun ein Stück Wurst in den Mund und geben Ihrem Hund, der ruhig neben Ihnen bei Fuß sitzt, aus dem Mund das Stückchen Wurst. Der Hund wird sicher noch nicht korrekt sitzen bleiben und muss korrigiert werden. Er bekommt die Wurst erst, wenn er ruhig sitzen bleibt.

Nun erfolgt die Entwicklung zur Übung, wie schon beschrieben. Hat der Hund das Hörzeichen »Platz« ausgeführt, entfernen Sie sich in der von der PO vorgeschriebenen Schrittzahl von Ihrem Hund. Auf diesem Weg nehmen Sie ein Stück Wurst aus dem Beutel und zwar so, dass der Hund es nicht sieht, und stecken es in den Mund. Nachdem Sie die Kehrtwendung ausgeführt haben, lassen Sie Ihren Hund noch etwas warten, geben das Hörzeichen »Hier«. Nach diesem Hörzeichen lassen Sie das Stückchen Wurst so aus Ihrem Mund heraushängen, als wäre es Ihre Zunge. Beim ersten Mal wird Sie Ihr Hund anspringen, und Sie nehmen die Wurst wieder in den Mund. Nach der Korrektur, wenn er korrekt vorsitzt, geben Sie ihm ein Stückchen dieser Wurst, das Sie abgebissen haben, aus dem Mund. Anschließend erfolgt nun das Hörzeichen »Fuß«. Wenn der Hund in Grundstellung wieder neben Ihnen sitzt, bekommt er den Rest der Wurst, die Sie ihm in sein Maul fallen lassen. Es kommt vor, dass der Hund nicht bis zum Abrufen die Übung »Platz« ausführt und vorzeitig kommt, weil er die Wurst sieht. Rufen Sie bitte nicht von Ihrem Standort das Hörzeichen »Platz«. Nehmen Sie sich die Zeit und beginnen die Übung nochmals aus der Grundstellung. Nur dann ist der bleibende Erfolg gewährleistet.

Der Hund hat jetzt, in etwa vier Wochen, die vierte Übung der Unterordnungsleistungen erlernt. Das heißt, pro Übung haben Sie eine Woche benötigt.

In der fünften Woche konnten Sie bereits vier Übungen auf den Übungsplatz übertragen. Das ist die Hälfte der Übungen, die Sie für die VPG 1 benötigen. Da die fünfte Übung »Bringen eines dem Hundeführer gehörenden Gegenstandes« ist, und viele Hundeführer mit dieser Übung ihre Schwierigkeiten haben, versuche ich meine Erklärungen, möglichst genau zu formulieren.

BRINGEN EINES DEM HUNDEFÜHRER GEHÖRENDEN GEGENSTANDES

Ich habe bereits unter dem Begriff »Das Welpenspiel« erklärt, dass meine Welpen mir schon im Alter von zwölf Wochen ihr Spielzeug gebracht haben, da sie erkannten: »Wenn ich ihm den Ball oder das Holz bringe, wirft er es wieder weg!« - und hatten so ihre Freude an diesem Spiel gefunden.

Die meisten unserer jungen Hunde lernen aber nicht das richtige Spiel mit dem Hundeführer und werden dann gezwungen, ihre Beute abzugeben, müssen anschließend bei Fuß gehen, und dann ist Schluss. Aus diesem Grund werden sie lustlos, kommen nur langsam zurück und werfen dem Hundeführer das Holz vor die Füße.

Ich empfehle Ihnen, Folgendes zu tun: Nehmen Sie das Bringholz beim Spazierengehen mit und erlernen Sie diese Übung mit Ihrem Hund außerhalb des Übungsplatzes. Beginnen Sie aber immer in Grundstellung, werfen das Holz weg und achten Sie darauf, dass der Hund bei Fuß in Grundstellung sitzen bleibt, bis Sie das Hörzeichen »Bring« gegeben haben.

Wenn Sie die Reaktion Ihres Hundes kennen und wissen, dass er Ihnen das Holz vor die Füße wirft, müssen Sie ebenso schnell reagieren, bevor er das Holz fallen lässt. Sie müssen mit einem schnellen Schritt auf Ihren Hund zugehen und mit dem Mittelfinger Ihrer linken Hand unter dem Fang das Halsband des Hundes erreichen. Die Handfläche zeigt nach oben, so dass der Unterkiefer Ihres Hundes auf Ihrer Handfläche liegt.

Haben Sie dies gemacht, wirken Sie mit lobender Stimme und dem Hörzeichen »Halt schön fest, so ist's brav« auf Ihren Hund ein. Mit der rechten Hand streicheln Sie Ihren Hund von der Nasenspitze bis hinter die Ohren. Will er das Holz ausspucken, können Sie noch wirkungsvoll eingreifen, da Ihre linke Hand sich noch unter dem Unterkiefer und Ihre rechte Hand sich noch auf dem Nasenrücken des Hundes befindet. Nun gehen Sie unter Abgabe des Hörzeichens »Hier« wieder einen Schritt zurück, bleiben stehen und geben das Hörzeichen »Sitz«. Ihre Hände befinden sich immer noch am Fang Ihres Hundes. Hat er sich gesetzt, loben und streicheln Sie ihn, wie ich es oben beschrieben habe. Nun können Sie auch versuchen, den Griff der linken Hand zu lösen, aber die Hand bleibt noch in Nähe des Unterkiefers. Die rechte Hand führt noch die Streicheleinheiten aus. Nun geben Sie das Hörzeichen »Aus«, nehmen ihm das Holz ab, lassen ihn bei »Fuß« gehen und geben ihm sofort sein Holz wieder. Anschließend geben Sie ihn frei und spielen mit ihm.

Das Holz müssen Sie ihm aus folgendem Grund wiedergeben: Der Hund hat, wenn Sie ihm das Holz wegwerfen und er es holt, Beute gemacht und diese will er nicht abgeben. Hat er erkannt, dass er seine Beute wieder bekommt, merkt er sich Ihr Verhalten und bringt Ihnen seine Beute. Er erwartet nun von Ihnen, dass Sie dieses Spiel wiederholen. Mehr dürfen Sie an diesem Tag, außerhalb Ihrer Wohnung, nicht tun. Zu Hause, im Wohnbereich, können Sie das Halten eines Gegenstandes üben, und wenn es nur Ihre Hausschuhe sind, die er festhalten muss. Der Erfolg wird nicht ausbleiben, wenn Sie darauf bedacht sind, dass der Hund seine Freude an der Arbeit behält.

Dies war die Beschreibung der Arbeit, wie ich sie mit einem Hund durchführte, den ich selbst erzogen und für die korrekte Arbeit vorbereitet habe. Es gibt aber auch Hunde, die nicht nach meinen Vorstellungen erzogen wurden und mit denen erst viel später mit der Arbeit begonnen wurde. Sie erlernen die Hörzeichen dann über einen gewissen Zwang mit dem Beginn der Leinenführigkeit. Wollen Sie diesem Hund das »Apportieren« beibringen, verweigert er es Ihnen bestimmt. Er ist auch nicht bereit, auf das Hörzeichen »Bring« das Holz in sein Maul zu nehmen.

Bei diesen Tieren verwendet man den so genannten Lefzengriff: Wenn der Hund in Grundstellung neben Ihnen sitzt, greifen Sie mit der gespreizten linken Hand über den Nasenrücken des Hundes. Sie fühlen auf der linken Seite, mit dem Zeige- und Mittelfinger sowie auf der rechten Seite mit dem Daumen, unter den Lefzen die Zähne des Hundes. Üben Sie jetzt Druck auf die Lefzen aus, so ist dies schmerzhaft für den Hund. Er öffnet sein Maul. Es ist äußerst wichtig, wenn Sie auf diese Weise mit Ihrem Hund das »Bringen« üben, dass gleichzeitig mit dem Druck auf die Lefzen das Hörzeichen »Bring« erfolgt. In diesem Moment öffnet der Hund seinen Fang, und Sie müssen ihm in diesem Augenblick das in der rechten Hand bereitgehaltene Bringholz in den Fang schieben. Das dauert nur eine Sekunde, und der Hund hat seinen Fang wieder geschlossen. Sie müssen dann sofort reagieren, indem Sie ihn mit der linken Hand streicheln, die rechte Hand unter den Unterkiefer schieben und ihn mit den Worten »Halt fest« unterstützen.

Beim ersten Mal wird es sicher nicht gelingen, denn es fehlt der Aufbau der Verständigung. Er kann mit dem Hörzeichen »Bring« noch nichts anfangen. Sie müssen dann trotzdem loben, auch wenn Sie nicht zufrieden sind, ihm einen guten Happen Futter geben und ihn beruhigen. Sie können diese Übung zu verschiedenen Zeiten am Tag auch zu Hause üben. Sind Sie dann so weit, dass der Hund mit Abgabe des Hörzeichens den Fang öffnet, versuchen Sie, dass er Ihnen das Holz aus der Hand nimmt. Der Hund wird dann an der langen Führleine gehalten. Je weiter Sie das Holz dem Hund vom Fang weghalten, umso tiefer müssen Sie auch zur Erde gehen. Wenn Sie das Holz dann etwa einen Meter vor ihn auf die Erde werfen und das Hörzeichen »Bring« geben, müssen Sie ihm einen kurzen Ruck mit der Führleine in Richtung Bringholz verabreichen und ihn so zum Aufnehmen des Holzes ermuntern. Denken Sie daran, dass Ihr Hund viel Lob braucht, und Sie die Nerven nicht verlieren dürfen.

Eine andere Möglichkeit ist folgende: Voraussetzung ist ein Hund, der allem, was Sie fortwerfen, nachgeht und es auch aufnimmt. Sie nehmen eine Ösenschraube (Schraube mit einem Ring am Ende) und schrauben sie seitlich in die Mitte des Holzes. An dieser Ösenschraube wird die lange Führleine befestigt. Der Hund sitzt frei bei Fuß in Grundstellung neben Ihnen. Nun werfen Sie das Holz weg und geben gleichzeitig das Hörzeichen »Bring«.

Da Sie die Führleine, an der das Bringholz befestigt ist, in der linken Hand halten, kann der Hund sich mit dem Holz nicht von Ihnen entfernen. Sie halten die Leine auf Zug und sprechen Ihren Hund mit den Worten, »So ist's brav« an. Nun nähern Sie sich Ihrem Hund so weit, dass Sie ihm mit der Hand über den Fang und den Kopf streicheln können. Hierbei bleiben Sie stehen und ergreifen mit dem Mittelfinger der anderen Hand das Halsband Ihres Hundes. Anschließend gehen Sie einen Schritt zurück und geben hierbei das Hörzeichen »Hier und Bring«. Auch bei dieser Art, Ihren Hund das Bringen eines Gegenstandes zu lehren, ist es wichtig, dass Sie dem Hund keine Möglichkeit geben, das Holz fallen zu lassen kann. Die gleiche Übung können Sie dann auch mit der Suchleine machen, wenn Sie erkannt haben, dass Ihr Hund führiger wurde und auf das Hörzeichen »Bring« zum Holz geht, es aufnimmt und auch bereit ist zu kommen. Sie können dann den zurücklaufenden Hund, indem Sie die Suchleine einholen, zum Vorsitzen auffordern und eventuell korrigieren.

Es gibt auch noch den so genannten Zwangsapport: Der Hund trägt ein Lederhalsband und wird mit einer Kette am Pfahl angebunden. Das zweite Halsband ist ein Würgeband, an dem eine etwa dreißig Zentimeter lange Leine befestigt wird, mit der der Ausbilder mit dem Hund arbeitet. Der Hund muss um den Pfahl herum geführt werden können. Ich habe schon mehrere Hunde auf diese Weise mit Erfolg ausgebildet. Sie benötigen für diese Arbeit viel Gefühl für den Hund und etwa acht bis zehn Tage, um Erfolg zu haben. Der Hund muss täglich von Ihnen versorgt werden, das heißt Ausführen, Füttern und mit ihm arbeiten. Ich hatte noch keinen Hund, der mich nach dieser Arbeit bei einem Wiedersehen nicht freudig begrüßt hätte. Ich gebe zu dieser Arbeit bewusst keine weitere Auskunft, da nicht jeder Hundeführer in der Lage ist, zum einen, das Gelesene umzusetzen, und zum anderen hat nicht jeder das nötige Gefühl, den Hund seinem Wesen entsprechend zu behandeln.

Ich setze voraus, dass Ihr Hund das »Bringen auf ebener Erde« in kurzer Zeit gelernt hat. Erst wenn er diese Übung korrekt beherrscht, dürfen Sie den Freisprung über die Hürde mit dem Bringen des Holzes verbinden.

BRINGEN EINES DEM HUNDEFÜHRER GEHÖRENDEN GEGENSTANDES IM FREISPRUNG ÜBER EINE EINEN METER HOHE HÜRDE
Hörzeichen »Hopp« und »Bring«
Wie bei allen Übungen, setze ich voraus, dass Ihr Hund auch die geforderten Hörzeichen bereits erlernt hat. Für einige Leser wird der Begriff Sprunggatter vermutlich ein Fremdwort sein, denn in den meisten Vereinen ist diese Einrichtung nicht zu finden.

Das Sprunggatter ist etwa sieben bis acht Meter lang und gut eineinhalb Meter breit. Es ist in Form eines Rechteckes angelegt und an den beiden langen Seiten sowie an einer kurzen Seite mit einem ein Meter hohen Maschendraht eingezäunt. In der Mitte steht eine Hürde, die in ihrer Höhe bis zu einem Meter verändert werden kann. Es reicht aus, wenn die Veränderungen ab etwa fünfzig Zentimeter Höhe möglich sind.

Zu Beginn erfolgt das Springen nur an der langen Führleine. Denken Sie daran, dass jede Übung nur aus der Grundstellung beginnt und auch so wieder endet. Sie stellen sich - in einem Abstand von etwa vier Schritten - an der nicht abgesperrten Seite des Sprunggatters auf. Der Hund sitzt an langer Führleine in Grundstellung bei »Fuß«. Sie werfen das Bringholz über die Hürde, aber nicht zu kurz, und lassen den Hund etwas warten. Er muss während der Wartezeit, etwa zehn Sekunden, korrekt bei »Fuß« sitzen bleiben. Dann erfolgt das Hörzeichen »Hopp«, und Sie gehen mit Ihrem Hund über das Hindernis.

Wenn Sie das Hindernis überqueren, geben Sie das Hörzeichen »Bring«. Hat der Hund auf ebener Erde richtig das Bringen erlernt, wird er auch jetzt das Holz aufnehmen. Hat er dies getan, machen Sie mit ihm kehrt, geben erneut das Hörzeichen »Hopp« und führen dann mit Ihrem Hund den Rücksprung aus.

Dies muss alles schnell geschehen, denn Sie müssen versuchen, nach Überquerung der Hürde im Rückwärtsgang Ihren Hund zum Vorsitzen zu bewegen und korrigieren, wenn es erforderlich sein sollte. Im Anschluss daran, wenn der Hund das Bringholz nach erfolgtem Hörzeichen »Aus« abgegeben hat, wird der Hund wieder bei Fuß gerufen und so die Übung beendet. Beim zweiten Versuch handeln Sie wie beschrieben, gehen aber jetzt mit Ihrem an der Leine geführten Hund nur bis zur Hürde mit. Von diesem Platz geben Sie das Hörzeichen »Bring«, und wenn er aufgenommen hat, erfolgt erneut das Hörzeichen »Hopp« zum Rücksprung, den Sie im Rückwärtsgehen und durch leichtes Anheben der Leine unterstützen. Der Hund muss dann wieder vorsitzen, auf das Hörzeichen »Aus« das Holz abgeben und nach erfolgtem Hörzeichen »Fuß«, in Grundstellung die Übung beenden.

Vergessen Sie aber nicht zu loben! Geben Sie ihm nach jeder Übung das Holz - seine Beute - wieder, und spielen Sie mit ihm, bevor Sie die Übung wiederholen.

Mehr als zweimal am Tag würde ich diese Übung nicht wiederholen, auch wenn die Übung noch nicht zu Ihrer Zufriedenheit ausgefallen ist. Wenn Sie die Übung dann an einem anderen Tag erneut beginnen, schlage ich vor, die Hürde etwas zu erhöhen, aber nicht im Beisein Ihres Hundes. Der Hund erkennt sofort diese Veränderung, die Sie in seinem Beisein gemacht haben, und das kann ihn verunsichern. Hat er die Änderung nicht miterlebt, so bleibt es für ihn das gleiche Hindernis wie an den Tagen zuvor. Denken Sie stets daran, der Hund lebt und überlebt durch seine Erfahrungen. Sein Artverhalten schreibt ihm diese Vorsicht vor. Wenn Sie die Hürde jetzt auf etwa achtzig Zentimeter erhöht haben, beginnen Sie mit dem Freisprung. Führt er den Freisprung mit dem Bringen des Gegenstandes aus und beendet auch den Abschluss der Übung ohne große Beanstandungen, dann loben Sie ausgiebig, geben ihm das Holz wieder und spielen mit ihm. Ihr Hund behält seine Freude an der Arbeit und das nächste Mal wird er es noch besser machen.

Führt der Hund nun den Freisprung hin und zurück aus, bringt er das Holz und gelingt auch der Abschluss der Übung zu Ihrer Zufriedenheit, können Sie die Übung im Sprunggatter beenden. In der nächsten Übungsstunde, nach Beendigung der Übung »Bringen auf ebener Erde«, nehmen Sie Ihren Hund an die lange Führleine und üben jetzt an der normalen Hürde so, wie Sie es vorher an der Hürde im Sprunggatter getan haben. Haben Sie den Freisprung mit Bringen eines Gegenstandes an dieser Hürde an verschiedenen Tagen drei- bis viermal geübt, gehen Sie dazu über, den Hund an eine lange, leichte Leine zu nehmen. Die Leine muss so lang sein, dass Sie an dem Platz stehen bleiben können, an dem Sie Ihre Grundstellung eingenommen haben. Führt Ihr Hund auch an der langen Leine die Übung zu Ihrer Zufriedenheit aus, versuchen Sie dann die Übung ohne die lange Leine. Gelegentliches leichtes Streifen der Hürde kann noch in Kauf genommen werden.

Wie gewöhne ich meinem Hund das Streifen an der Hürde ab?
Wir können den Hund überlisten und ihm das Streifen der Hürde abgewöhnen, ohne ihm Schmerzen zuzufügen. Sie kennen alle den dünnen, mit Kunststoff überzogenen Bindedraht. Von diesem Draht benötigen Sie etwa 25 bis 30 Meter. Die Hürde ist 1,5 Meter breit. In der Flucht dieser Breite, also seitlich der Hürde, benötigen Sie einen Befestigungspunkt in Höhe der Hürde. Dieser Punkt sollte mindestens zwei Meter neben der Hürde sein. Der Bindedraht wird an diesem Punkt in Höhe der Hürde angebunden und nach der Platzmitte ausgelegt. Am Ende dieses Drahtes befestigen Sie einen Knebel, damit Sie den Draht auch halten können. Am Ende des Drahtes muss eine Gruppe von drei bis vier Personen stehen und einer dieser Personen führt die Übung mit dem Draht aus.

Diese Personen müssen dort platziert sein, damit der Hund nicht erkennt, dass von diesem Ort aus etwas geschieht, was sein Springen beeinflusst. Der Sportsfreund, der den Draht durch eine Schleuderbewegung hochschnellen lässt, muss den Draht sofort wieder ruhig halten, so dass er wieder auf die Erde fällt. Der Draht darf nicht gespannt bleiben. Die Schleuderbewegung muss aber so abgestimmt sein, dass der Draht seinen höchsten Punkt erreicht, wenn der Hund mit seiner Vorhand über der Hürde ist. Wenn der Hund die Erde erreicht hat, muss der Draht wieder ruhig auf der Erde liegen. Es ist zu empfehlen, dass die ausführende Person den Vorgang erst probt, bevor ein Hund die Übung an der Hürde vollzieht. Selbstverständlich muss auch das wiederholt geübt werden, denn nach einmaligem Üben wird der Hund wieder »rückfällig«. Wenn Sie diese Übung aber alle vierzehn Tage wiederholen, lässt er das Streifen an der Hürde.

Kletterwände
Auf den meisten Übungsplätzen stehen heute in der Höhe verstellbare Kletterwände. Sie stehen entweder hinter oder neben der Hürde. Die Kletterwand lasse ich auf die Höhe von etwa 1,30 Meter herab und sichere sie. Im Anschluss an den Freisprung und dem Loben meines Hundes gehe ich bis auf einen Meter Abstand an die niedere Schrägwand heran und nehme dort Grundstellung mit meinem Hund ein. Den Hund führe ich hierbei an der langen Führleine. Das Bringholz werfe ich so, dass es auf der anderen Seite der Wand hinabrollt und dicht dahinter zum Liegen kommt. Nach Abgabe des Hörzeichens »Hopp« führe ich den Hund über die Wand und fordere ihn sofort mit dem Hörzeichen »Bring« zum Aufnehmen des Holzes auf. Anschließend wird er sofort zurückgeführt, zum Vorsitzen gebracht und so der Abschluss zur Übung eingeleitet.

Beim nächsten Mal wird die Führleine nicht mehr benötigt.

Auf diese Weise habe ich all meinen Hunden das Klettern an der Wand beigebracht. Sie müssen nur beachten, dass Sie mit der Grundstellung dicht vor der Wand beginnen und das Holz dicht hinter die Wand werfen. Führt der Hund an der Wand den Hinsprung aus, sieht er das Holz dicht bei der niederen Wand liegen und hat keine Veranlassung zu springen: Er klettert die Wand herab. Beim Rücksprung sieht es genauso aus, weil der Hundeführer nur einen Meter von der niederen Wand weg steht und dem Hund nur so viel Platz zum Vorsitzen bleibt, wie er hierfür benötigt. Bei jeder weiteren Übung an der Kletterwand stellen Sie diese etwas höher, und Ihr Hund lernt ganz leicht das Klettern an der Wand.

Da Sie die Vielseitigkeitsprüfung für Gebrauchshunde (VPG) mit Ihrem Hund erst ablegen können, wenn er 18 Monate alt ist, haben Sie zum Lernen der Übungen »Voraussenden mit Hinlegen« und »Ablegen des Hundes unter Ablenkung« noch drei bis vier Monate Zeit. Sie können also die Zeit nützen und Ihrem Hund noch mehr beibringen, als er in der Ausbildung zur VPG 1 benötigt.

VORAUSSENDEN MIT HINLEGEN

Hörzeichen »Voraus«, »Platz«, »Sitz«

Auch diese Übung beginnt in der Grundstellung. Die Entwicklung zur Übung muss seit geraumer Zeit mindestens zehn Schritte betragen, das heißt, dass der Hundeführer mit seinem Hund diese 10 - 15 Schritte geradeaus gehen muss, bevor er das Hörzeichen »Voraus« gibt. Früher musste sich der Hund je nach Leistungsklasse 25, 30 oder 40 Schritte weit vom Hundeführer entfernen, die neuen Prüfungsordnungen sehen jedoch eine einheitliche Entfernung von mindestens 30 Schritten für alle 3 Klassen der VPG vor. Das kommt dem Hund sehr zugute, da er nicht mehr mit dem eigentlich unsinnigen Erlernen verschiedener Entfernungen belastet wird. Beim Voraussenden gibt grundsätzlich der Richter Anweisung an den Hundeführer, wann er das Hörzeichen zum Ablegen geben soll. Sie müssen aus diesem Grund beim Üben mit Ihrem Hund darauf bedacht sein, dass er das Hörzeichen immer und sofort befolgt.

Wie bei allen Übungen muss auch bei dieser Übung das Erlernen des Hörzeichens (Hz.) »Voraus« im Vordergrund stehen. Ich habe für diese Arbeit die abendliche Fütterungszeit genutzt. Zusammen mit meinem Hund ging ich mit der gefüllten Futterschüssel auf den Übungsplatz. Dort habe ich die Futterschüssel an dem Platz abgestellt, an dem der Hund die Übung »Voraussenden mit Hinlegen« beenden muss. Natürlich ist es meinem Hund sehr schwer gefallen, Gehorsam zu zeigen, als ich mich mit ihm von seiner Schüssel entfernte. Am ersten Tag bleibe ich etwa 30 Schritte von der Futterschüssel entfernt und nehme die

Grundstellung ein. Nach der Entwicklung, mindestens zehn Schritte, bleibe ich stehen und gebe das Hörzeichen »Voraus« mit gleichzeitigem Anheben des rechten Armes, der dem Hund die Richtung angibt, in die er sich entfernen muss. Das Hörzeichen »Platz« habe ich jetzt noch nicht benutzt. Nachdem er gefressen hat, wird er gelobt und ich gebe ihm seinen Ball. Am zweiten Abend wird dies wiederholt, mit dem Unterschied, dass ich mich fünfzig Schritte entferne. Nachdem der Hund das Hörzeichen »Voraus« ausgeführt und fertig gefressen hat, muss er das Hörzeichen »Platz« erstmals in Verbindung mit der Übung »Voraussenden« ausführen.

An den nächsten abendlichen Übungszeiten habe ich keine Futterschüssel mehr benutzt, sondern nur seinen Ball.

Mein Hund konnte immer alles sehen, was ich tat. Der Ball war abgelegt, die Entwicklung zur Übung mit ihm gemacht und, so wie die PO (Prüfungsordnung) es fordert, waren die Hörzeichen gegeben. Mit Erreichen seines Balls gebe ich das Hörzeichen »Platz«. Nachdem ich neben meinem Hund die Grundstellung eingenommen habe, gebe ich ihm das Hörzeichen »Sitz« und das bekannte Stück Fleischwurst, das ich dem bei Fuß sitzenden Hund ins Maul fallen lasse. Anschließend wird er ausgiebig gelobt und es folgt das Spiel mit dem Ball.

In den folgenden Übungsstunden habe ich den Ball zu verschiedenen Zeiten, aber immer sichtbar für den Hund, ausgelegt. Einmal bei der Sitzübung, das andere Mal vor dem Beginn der Platzübung oder bei der Leinenführigkeit. So hatte ich die Möglichkeit, beim Führen zwischen den einzelnen Übungen dem Hund den Ball zu zeigen. Der Hund hat sich gemerkt: »Wenn das Hörzeichen »Voraus« kommt ist die Arbeit bald beendet, dann darf ich spielen.« Sie können dann dazu übergehen, den Ball von einem Sportfreund entfernen zu lassen. Am besten tut dies der Übungswart, wenn Sie mit Ihrem Hund dem Ball den Rücken zuwenden. Dies schließt aber nicht aus, dass Sie nach Beendigung der Übung Ihren Hund loben und ihn wieder mit dem Ball spielen lassen.

Dass bei dieser Übung auch andere Gegenstände ausgelegt werden können, wie zum Beispiel eine Führleine oder ein anderer dem Hundeführer gehörender Gegenstand, ist selbstverständlich. Es muss aber ein Gegenstand sein, zu dem der Hund in besonderem Bezug steht.

ABLEGEN DES HUNDES UNTER ABLENKUNG

Hörzeichen »Platz«

Dies ist wieder eine Übung, die Sie mit Ihrem Hund außerhalb des Übungsplatzes erlernen können. Wenn Sie mit Ihrem Hund zur Fährtenarbeit gehen, haben Sie die Möglichkeit, ihn in der Nähe des Abganges mit dem Hörzeichen »Platz« abzulegen. Nach erfolgtem Hörzeichen »Platz« verweilen Sie noch bei Ihrem Hund und gehen, wie vorher schon beschrieben, über Ihren Hund hinweg. Das Hörzeichen »Platz« muss beim Überschreiten des Hundes zur Unterstützung und unbedingten Ausführung der Übung mehrfach wiederholt gegeben werden. Gehen Sie nun zum Legen der Fährte. Wählen Sie den Platz so, dass Sie Ihren Hund im Auge behalten können. Wenn Sie bei Ihrem Hund Ihre Tasche zurücklassen, lernt er auf diese Weise noch eine zweite Übung, nämlich die Bewachung eines Gegenstandes. Diese wird zwar von der PO nicht mehr gefordert, ist aber trotzdem sehr vorteilhaft.

Übertragen Sie nun diese Übung auf den Übungsplatz. Es ist die letzte Übung laut der PO, und wenn Sie mit dieser Übung beginnen, muss ein anderer Sportfreund seine Unterordnungsleistung vorführen. Sie sehen, dass diese Übung nicht immer Ihre letzte Übung ist, es kann auch die erste sein. Während der Zeit, in der der andere Hundeführer arbeitet, stellen Sie sich in Blickrichtung zu Ihrem Hund auf. Sollte er nicht liegen bleiben, gehen Sie sofort zu Ihrem Hund, führen ihn auf seinen Platz zurück und beginnen die Übung auf's Neue. Bevor Sie sich wieder von Ihrem Hund entfernen, gehen Sie wieder von allen Seiten über Ihren Hund hinweg und fordern ihn unter Abgabe des Hörzeichens »Platz« zur Ausführung der Übung auf. Je nach Stand des Gehorsams entfernen Sie sich weiter von Ihrem Hund und kehren ihm dann auch Ihren Rücken zu. Bei VPG 1, 2 und 3 müssen Sie sich 40 Schritte von Ihrem Hund entfernen. Für die VPG 1

und 2 schreibt die PO vor, dass Sie sichtbar für den abgelegten Hund, mit dem Rücken zu ihm, stehen bleiben müssen. Bei VPG 3 gemeldeten Hunden muss der Hundeführer in ein Versteck gehen und so lange dort verweilen, bis er vom Leistungsrichter abgerufen wird.

KLETTERSPRUNG ÜBER EINE SCHRÄGWAND

Hörzeichen »Hopp« und »Bring«

Dass diese Übung bereits als ein Teil zur Vorbereitung für die VPG 2 und VPG 3 zu bewerten ist, setze ich voraus. Zu welchen Leistungen ein Hund im Alter von 16 und 18 Monaten fähig ist, haben die letzten Jahrzehnte bewiesen. Die Hunde hatten durch die Arbeit in diesem Alter keinen Schaden erlitten.

Wie ich mit meinen Hunden diese Übung begonnen habe, erklärte ich bereits unter »Bringen eines dem Hundeführer gehörenden Gegenstandes im Freisprung«. Wichtig ist, dass Sie die Wand zu Beginn der Übung noch nicht auf die vorgeschriebene Höhe der PO einstellen, sondern niedriger. Zu Beginn stehen Sie etwa einen Meter vom Hindernis in Grundstellung entfernt und gehen von Übungsstunde zu Übungsstunde etwas weiter von der Wand weg. Mehr als drei bis vier Schritte müssen Sie nicht von der Wand weg stehen. Ich erinnere daran, dass auch das Holz beim Lernen des Klettersprungs nicht weit hinter die Wand geworfen werden darf, um das Abspringen des Hundes von der Wand zu vermeiden. Das Hörzeichen zum Bringen muss erfolgen, wenn der Hund beim Hinsprung den höchsten Punkt der Wand erreicht hat und nicht, wenn er bereits am Holz ist. Alle Übungen enden in der Grundstellung, wie sie auch in der Grundstellung begonnen wurden. Die folgenden Erklärungen beziehen sich auf die Vorbereitung zur VPG 3.

ABLEGEN IN VERBINDUNG MIT HERANKOMMEN

Hörzeichen »Platz«, »Hier« und »Fuß«

Die Entwicklung zu dieser Übung beginnt in der normalen Gangart und wird nach mindestens zehn Schritten im Laufschritt fortgesetzt.

Haben Sie den Laufschritt begonnen, muss nach mindestens zehn Schritten das Hörzeichen »Platz« erfolgen. Den Laufschritt beenden Sie nach den in der Prüfungsordnung vorgeschriebenen Schrittzahl und nehmen dort Ihre Grundstellung ein. Auf Anweisung des Leistungsrichters wird dann der Hund mit dem Hörzeichen »Hier« abgerufen. Der Abschluss zur Übung entspricht genau der Übung wie bei VPG 1. Sie können auch bei dieser Übung die gleichen Hilfen - Futtergabe und so weiter - beim Üben geben, wie vorher schon beschrieben.

STEHEN BLEIBEN IM SCHRITT

Hörzeichen »Steh«

Für viele Hundeführer ist diese Übung ein großes Problem, sollte es aber eigentlich nicht sein. Alle Hundeführer sind darauf bedacht, dass ihr Hund ein gepflegtes Fell hat: Sie bürsten und kämmen ihn. Ich bin sicher, dass alle bei dieser Tätigkeit ihren Hund mit dem Hörzeichen »Steh« zum Stehenbleiben auffordern, um ihn in Ruhe striegeln zu können. Der Hund kennt also schon lange, bevor er diese Übung erlernen soll, das Hörzeichen. Ich gehe davon aus, dass der Hund beim Striegeln das Hörzeichen in ruhigem Tonfall kennen lernt und nicht im Kommandoton. Dieses Hörzeichen »Steh« in ruhigem und sachlichen Tonfall verwende ich beim Erlernen dieser Übung mit meinem Hund.

Ein weiteres Hilfsmittel ist ein Gliederhalsband, an dessen einem Ende ein Karabinerhaken befestigt ist. Den Ring am anderen Ende umwickele ich mit einem Bleiband. Wenn die Kette mit dem Karabinerhaken im Zug des Halsbandes angebracht ist und herabhängt, darf die Kette die Erde nicht berühren. Eine wichtige Voraussetzung dabei ist: Der Hund darf nie mit einer Wurfkette zur Übung »Platz« gezwungen worden sein, da sonst der Erfolg in Frage gestellt ist.

Ich beginne die Übung in der Grundstellung. Den Hund führe ich an der kurzen Kette und den beschwerten Ring halte ich wie ein rohes Ei zwischen den Fingern. Die linke Hand, die die Kette hält, muss so hoch gehalten werden, dass der Hund keinen Zug, aber beim Fallenlassen der Kette einen Ruck an seinem Hals verspürt.

Aus der Grundstellung heraus beginne ich nach Abgabe des Hörzeichens »Fuß« die Entwicklung zur Übung. Nach den erforderlichen zehn bis zwölf Schritten gebe ich in ruhigem Tonfall das Hörzeichen »Steh« und lasse hierbei gleichzeitig die Kette fallen. In diesem Moment lasse ich auch meine Hand nach unten gleiten und zwar so, dass die Handfläche zur Nase des Hundes zeigt. Sie werden überrascht sein, der Hund führt die Übung »Steh« aus. Bei Beginn der Übung gehen Sie aber nur etwa zehn Schritte von Ihrem Hund weg, lassen ihn nicht lange warten und kehren gleich wieder zu ihm zurück. Das Hörzeichen »Sitz« darf aber jetzt noch nicht gegeben werden. Loben Sie ihn jetzt und spielen Sie kurz mit Ihrem Hund, bevor Sie die Übung wiederholen. Haben Sie dies zweimal gemacht, nehmen Sie die kurze Kette vom Halsband und führen die Übung nochmals aus, aber auf andere Weise:

Sie nehmen die Grundstellung ein. Die Kette, die jetzt nicht mehr am Halsband befestigt ist, halten Sie in Ihrer linken Hand. Nach der Entwicklung zur Übung erfolgt das Hörzeichen »Steh«, und im gleichen Moment lassen Sie die Kette aus Ihrer Hand fallen. Ihre Handfläche zeigt wieder in Richtung Hundenase.

Haben Sie dies alles so gemacht, müsste der Hund zu Ihrer Zufriedenheit die Übung ausführen. Doch denken Sie daran: Wenn Sie zu Ihrem Hund zurückkommen und neben ihm stehen, darf das Hörzeichen »Sitz« noch nicht gegeben werden. Dies würde ihn überfordern und er würde bei erneutem Üben dann die Sitzübung ausführen.

Wenn Sie nun an einem anderen Tag wieder mit dieser Übung beginnen, verfahren Sie wie folgt: Die Kette haben Sie nun in der rechten Hand. Die Grundstellung und die Entwicklung wird, wie vorher erklärt, ausgeführt. Nach Abgabe des Hörzeichens »Steh« lassen Sie aus Ihrer rechten Hand die Kette vor Ihren Hund auf die Erde gleiten. Die linke Hand wird wieder nach unten geführt und zwar so, dass Ihre Handfläche wieder zur Nase des Hundes zeigt.

Ich bin sicher, dass Ihr Hund die Übung ausführt. Sie können sich dann die geforderte Schrittzahl von Ihrem Hund entfernen. Sind Sie zu Ihrem Hund zurückgekehrt, erfolgt auch jetzt noch nicht das Hörzeichen »Sitz«. Dies hat noch Zeit. Spielen Sie mit ihm und zeigen Sie ihm Ihre Zufriedenheit. Waren Sie mit der Arbeit Ihres Hundes zufrieden, wird die Übung an diesem Tag auch nicht mehr wiederholt.

Für die nächsten Übungsstunden benötigen Sie auch nicht mehr die ganze Kette. Es reicht aus, wenn Sie sich aus einem alten Halsband zum Üben vier Glieder herausnehmen. In der Annahme, dass Sie innerhalb einer Woche mit Ihrem Hund zum Erfolg kamen, können Sie mit der nächsten Übung fortfahren.

STEHEN BLEIBEN AUS DEM LAUFSCHRITT

Hörzeichen »Steh« und »Hier«

Bei dieser Übung verwenden Sie wieder zu Beginn die kurze Kette. Die Entwicklung zur Übung beginnt jetzt aus der Grundstellung sofort im Laufschritt. Die Kette haben Sie nun wieder in Ihrer linken Hand und lassen sie gleichzeitig mit Abgabe des Hörzeichens »Steh« aus Ihrer linken Hand vor den Hund auf die Erde fallen. Ihre linke Handfläche zeigt wieder in Richtung Hundenase.

Hat der Hund die Übung ausgeführt - Sie können beim Üben zurückschauen - führen Sie den Laufschritt in der geforderten Schrittzahl aus. An seinem Ende nehmen Sie wieder die Grundstellung ein und rufen Ihren Hund mit dem Hörzeichen »Hier« ab. Denken Sie an den Futterbeutel und die Fleischwurst. Ihr Hund wird es Ihnen danken! Sie zeigen nun den Abschluss der Übung und spielen wieder mit Ihrem Hund.

Bei den nächsten Übungen wechseln Sie wieder die Kette in die rechte Hand und verfahren so, wie vorher bereits erklärt. Auch sollten Sie nicht vergessen: Setzen Sie die Arbeit jetzt nur noch mit den vier Gliedern der Kette fort. Sind Sie mit der Arbeit Ihres Hundes zufrieden, die Übung »Stehen bleiben aus dem Laufschritt« wird korrekt gezeigt, können Sie die Übung »Stehen bleiben im Schritt« - wenn der Hund abgeholt wird - mit dem Hörzeichen »Sitz« beenden.

Wenn ich auf das »Ablegen in Verbindung mit Herankommen«, wie es bei VPG 2 gefordert wird, nicht eingegangen bin, dann nur aus folgendem Grund: Es ist die gleiche Übung, wie sie bei der VPG 1 gefordert wird.

MÖGLICHKEITEN ZUM ERLERNEN BESTIMMTER UNTERORDNUNGSÜBUNGEN MIT HALSBÄNDERN UND FÜHRLEINEN

Bei den Unterordnungsleistungen habe ich erklärt, wie ich meinem Hund die einzelnen Übungen beibringe. Nun gibt es aber Hunde, deren Temperament schon manchen Hundeführer, nicht nur den Anfänger, vor große Probleme gestellt hat. Sie wollen nach Übungen ihren Gehorsam nicht erbringen, sitzen nach dem Abrufen nicht vor und laufen verspielt umher.

Für diese Hunde sind die Halsbänder und Führleinen gedacht, die ich in noch folgenden Bildern zeigen werde.

Der Hundeführer kann diese Geräte bei der Ausbildung, mit der richtigen Einstellung zu seinem Hund, sehr gut als Hilfen nutzen.

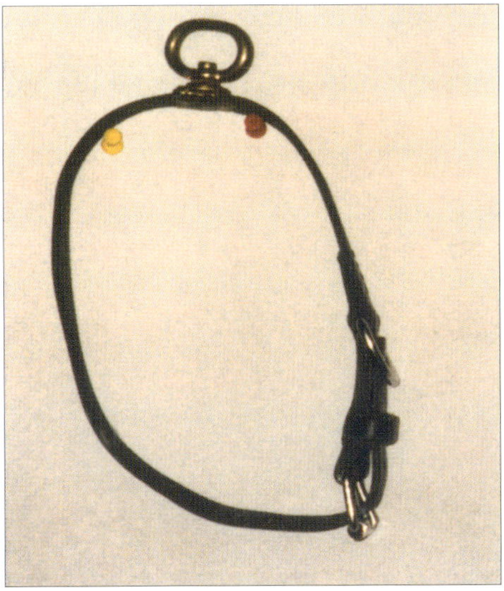

Lederhalsband mit Wirbel.
Der Hund kann mit diesem Halsband mit zwei Führleinen geführt werden, ohne dass sich die Leinen verdrehen, wenn der Hund eine Wendung macht.

Großgliederiges Halsband,
das bei Prüfungen zugelassen ist.

Stachelhalsband.
Die Stachelglieder des Halsbandes sind stumpf. Auch dieses Halsband kann bei einem eigensinnigen Hund, der einen Mangel bezüglich seiner Führigkeit hat, beim Erlernen der Leinenführigkeit von großem Nutzen sein. Wohlgemerkt: Beim Erlernen! Und auch das nur, wenn andere, freundlichere Methoden keinen Erfolg hatten. Ein Stachel- oder Korallenhalsband darf nur als kurzfristige Lernhilfe eingesetzt werden. Sein Einsatz muss wohlüberlegt und gut dosiert sein. Am besten lässt man sich den richtigen Gebrauch von einem guten, erfahrenen Ausbilder zeigen. Für Welpen ist das Stachelhalsband absolut tabu.

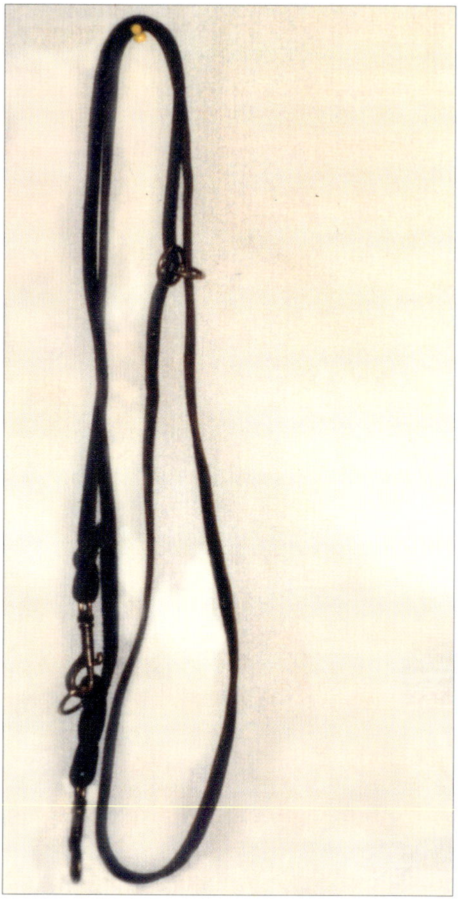

Große Führleine.
Die Gesamtlänge beträgt etwa 2 m. Zusammengelegt und mit dem Karabinerhaken im Ring eingehängt ist diese Leine etwa 1,10 m lang.

Die kleine Führleine.
Die Gesamtlänge beträgt etwa 1,50 m. Zusammengelegt und mit dem Karabinerhaken im Ring eingehängt ist diese Leine etwa 0,70 m lang. Diese Leine ist eine Entwicklung von mir und kann auch zum Erlernen der »Stehübung« verwendet werden. Erklärungen zu dieser Leine in der folgenden Bild-Dokumentation.

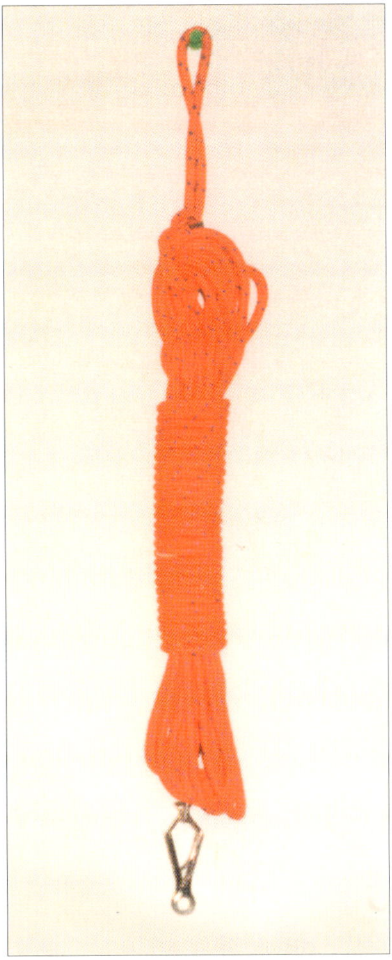

Die Suchleine.
Auch die Suchleine kann bei einigen Unterordnungsübungen sehr gute Dienste leisten, und der Hundeführer wird aus der noch folgenden Bilderserie erkennen, wie hilfreich diese Leine zum Erlernen korrekter Übungen ist.

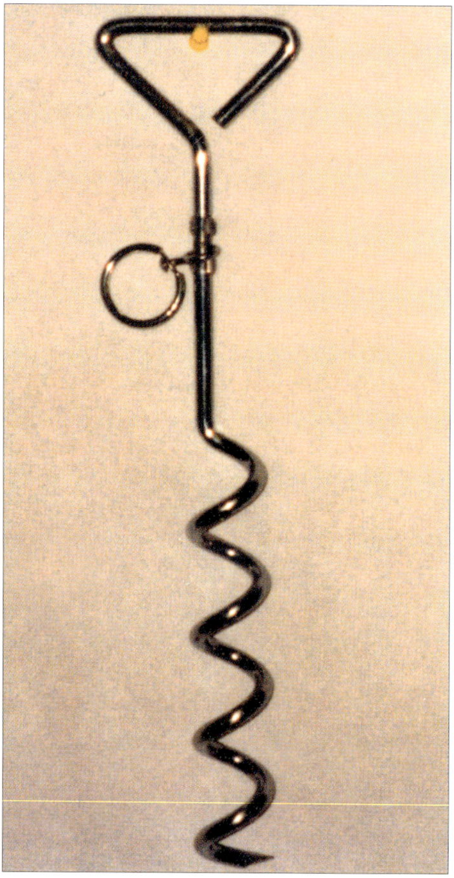

Der Anlegepflock.
Auch der Anlegepflock kann dem Hundeführer, in Verbindung mit der Suchleine, bei der Übung »Ablegen unter Ablenkung« wertvolle Hilfe leisten.

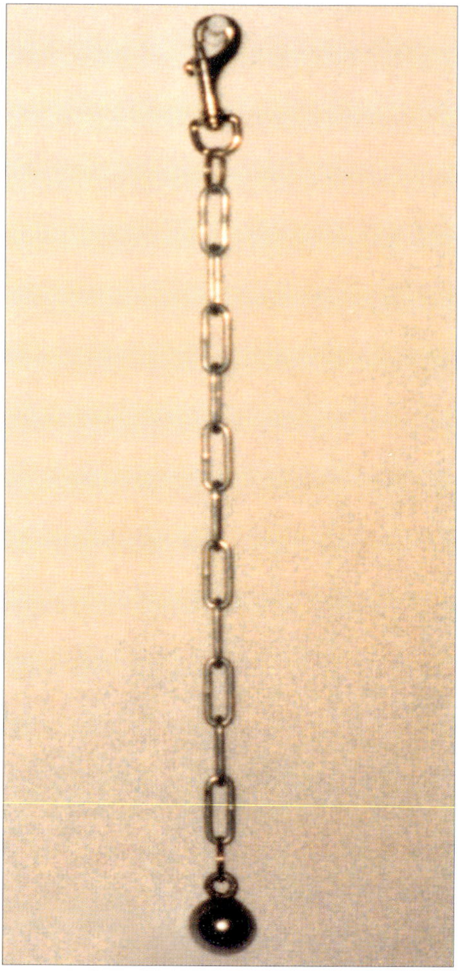

Eine kleine Kette mit Karabinerhaken und einem kleinen Gewicht.
Dieses Hilfsmittel habe ich schon vor mehr als 35 Jahren zum korrekten Erlernen der »Stehübung« eingesetzt. Näheres hierzu haben Sie bereits bei den Unterordnungsleistungen unter »Stehübung« gelesen.

Ich beginne mit der Übung »Platz« in Verbindung mit »Herankommen«
Der Hundeführer und die beiden Hundeführerinnen haben die Entwicklung zur Übung ausgeführt. Der Hund wurde schon an zwei Leinen geführt.

Sie sehen im oberen Bild, wie der Hund mit zwei Leinen herangeführt wird.

Das untere Bild zeigt den Abschluss der Übung mit dem Vorsitzen.

Beim »Bringen auf ebener Erde« können Sie genauso verfahren wie vorher bei der Übung »Platz«. Auch beim »Freisprung« an der Hürde ist das Führen mit zwei Leinen möglich, wie Sie aus den folgenden Bildern ersehen können.

Der Hund hat bei dieser Übung, bedingt durch das Führen mit zwei Leinen, keine Möglichkeit den Rücksprung zu verweigern oder um die Hürde herum zu gehen. Er führt den Rücksprung aus und sitzt zum Abschluss der Übung vor.

Die Übung »Platz in Verbindung mit Herankommen«, sowie die Übung »Bringen auf ebener Erde« kann auch mit einem Hundeführer, der als Hilfe zur Verfügung steht, und an der Suchleine durchgeführt werden. Der Hund wird bei diesen Übungen am normalen Gliederhalsband und der Suchleine geführt. Nach der Entwicklung zur Übung gibt der Hundeführer das Hz.

Hat der Hundeführer das Hörzeichen gegeben, muss die zur Hilfe hinter dem Hundeführer stehende Person sich mit der Leine vom Hundeführer entfernen und ihm so den Hund zum Vorsitzen führen.

Der Hundeführer sollte hierbei lobend auf seinen Hund einwirken. Auch eine kleine Futtergabe kann erfolgen.

»Platz«, entfernt sich von seinem Hund und legt hierbei die 10 Meter lange Suchleine aus. Nach der Kehrtwendung steht er dann über der Leine. Die Person, die den Hundeführer bei dieser Übung unterstützt, steht hinter ihm, nimmt das Ende der Suchleine in die Hand und wartet, bis der Hundeführer das Hz. »Hier« gibt. Die Leine bleibt jetzt bis zum Abschluss der Übung zwischen den Beinen des Hundeführers.

Sie erkennen auf diesem Bild, dass der Hund auf sein Hörzeichen kommt, der Hundeführer, der den Hund an der Leine führt, entfernt sich und der in Grundstellung stehende Hundeführer wirkt lobend und lockend auf seinen Hund ein.

Bei der Übung »Bringen auf ebener Erde« mit der Suchleine und einer Person zur Unterstützung des Hundeführers, müssen Sie auf Folgendes achten: Der Hundeführer nimmt mit seinem

Hund die Grundstellung ein. Die Person, die ihn bei dieser Übung unterstützt, steht hinter ihm. Die Suchleine wird in Schlaufen hinter den Füßen des Hundeführers so ausgelegt, dass das Ende der Leine mit dem Karabinerhaken dem Hundeführer durch die Beine geführt und am normalen Halsband befestigt wird.

Die Person hinter dem Hundeführer (siehe Bild) hält das Ende der Leine in der Hand und wartet auf das Hörzeichen »Bring« des Hundeführers. Ist dies geschehen, muss er die Arbeit des Hundes beobachten. Sobald dieser das Holz aufgenommen hat, muss er sich von der Rückseite des Hundeführers entfernen und so den Hund seinem Hundeführer zum Vorsitzen vorführen. Auch bei dieser Arbeit sollte der Hundeführer seinen Hund mit freudigen Worten lobend beeinflussen.

Auf diesen Bildern erkennen Sie, wie der Hund das Holz aufnimmt. Die Hundeführerin, die den Hundeführer bei der Ausführung der Übung unterstützt, führt ihm den Hund zum Vorsitzen - durch rückwärts gehen - zum Abschluss der Übung.

Bei der Übung »Bringen eines dem Hundeführer gehörenden Gegenstandes im Freisprung über die Hürde«, mit der Suchleine und einer Person zur Unterstützung des Hundeführers, wird wie folgt verfahren:

Etwa in der Mitte der Suchleine wird ein Karabinerhaken angebracht. Der Hundeführer nimmt an der Hürde die Grundstellung ein und befestigt diesen Haken am Halsband des Hundes. Der Hundeführer bleibt in Grundstellung stehen und hält seinen Hund an der Leine fest.

Die Person, die den Hundeführer unterstützt, nimmt das andere Ende der Leine in die Hand und nimmt dem Hundeführer gegenüber, hinter der Hürde ihre Stellung ein.

Gibt der Hundeführer seinem Hund das Hörzeichen »Hopp, Bring«, und der Hund führt das Hörzeichen aus, lässt er die Leine bis zum Ende durch die Hand gleiten. Die dem Hundeführer gegenüberstehende Person führt den Hund rückwärtsgehend zum Bringholz. Siehe Bild auf der nächsten Seite.

Der Helfer bei dieser Übung ist nicht zu sehen, jedoch der sich gerade bückende Hund, der im Begriff ist das Bringholz aufzunehmen. Der Rücksprung wurde vom Hund bis zum Abschluss der Übung korrekt ausgeführt, wobei die Hilfsperson den Hund auch beim Rücksprung führte und verhinderte, dass der Hund den Rücksprung verweigern konnte und um die Hürde zurückgekommen wäre. Die kleine Führleine, die auch zum Erlernen der »Stehübung« geeignet ist, sollte jeder Hundeführer sein Eigen nennen, zumal der Hundeführer nach der neuen PO auch bei der VPG 3 eine Führleine bei sich tragen muss. Siehe Bilder und Erklärungen auf der nächsten Seite.

Diese Leine hat zwei Paar Ringe, die auf der Leine verschoben werden und auf diese Weise auf die Größe sowie auf den Körperumfang des Hundes eingestellt werden können. Auf dem Bild ist zu erkennen, wie der Hundeführer dem Hund zum Erlernen der Stehübung die Leine anlegt.

Auf diesem Bild sehen Sie die angelegte Leine und erkennen den Sinn und die Nutzung der Leine: Sie liegt wie ein Handgriff auf dem Rücken des Hundes. Die Leine kann unter dem Halsband hindurch gezogen werden und wird dann am Ring über der Lende des Hundes befestigt. Eine andere Möglichkeit ist: Sie benutzen das zweite Ringepaar und bilden mit dem Karabinerhaken eine Schlinge in Größe des Halsbandes und streifen diese Schlinge wie ein Halsband über den Kopf des Hundes.

Bei diesem Bild zeigt der Hundeführer mit dieser Leine als Hilfe seinem Hund die Stehübung. Selbstverständlich hatte der Hundeführer, wie bei jeder Übung, vorher die Grundstellung eingenommen und die Entwicklung zur Übung gezeigt.

Bei der Abgabe des Hörzeichens »Steh« nahm der Hundeführer die auf dem Rücken des Hundes liegende Leine in die Hand und gab hierbei dem Hund einen Zug nach oben, der Hund führte das Hörzeichen aus.

Im oberen Bild sehen Sie den abgelegten Hund am Anlegepflock und an der Suchleine, die durch den Ring des Pflockes gezogen und am Halsband befestigt ist. Der Hund steht so immer unter der Kontrolle des 10 Meter entfernt stehenden Hundeführers. Das untere Bild zeigt die Hundeführerin, die noch mit dem Gesicht zu Ihrem Hund steht, um sofort, wenn der Hund Ungehorsam zeigt, eingreifen zu können.

In meiner Bilddokumentation können Sie erkennen, dass vorwiegend Hundeführerinnen und Hundeführer in fortgeschrittenem Alter zu sehen sind.

Dies soll zeigen, dass auch die ältere Generation die Ausbildung auf sportlicher Basis mit Erfolg betreiben kann.

Das Bild zeigt einen Gruppenübungsdienst bei einem Erziehungskurs mit großen und kleinen Hunden verschiedener Rassen in unserer Ortsgruppe. Diese Übung fördert den Gehorsam, beim Erlernen der Übungen, durch die Zusammenarbeit mehrerer Hundeführer mit ihren Hunden.

Die Ausbildung eines Schutz- und Gebrauchshundes für den Schutzdienst

VPG 1, 2, und 3
Wie für die Fährtenarbeit oder die Unterordnungsleistungen muss auch für die Arbeit im Schutzdienst die Erziehung im Vordergrund stehen. Wann die Erziehung beginnt und was ich unter Erziehung verstehe, habe ich schon im ersten Kapitel erklärt. Es ist äußerst wichtig, dass der Hund gerade bei der so genannten Schutzdienstarbeit die geforderten Hörzeichen der PO erlernt und auch befolgt. Der Hundeführer muss bei dieser Arbeit von seinem Hund unbedingten Gehorsam verlangen.

Wenn der Laie davon spricht, dass wir unsere Hunde bei der Arbeit im Schutzdienst auf Menschen hetzen, kann ich das verstehen. Der Helfer im Schutzdienst ist ein Mensch, der eine Schutzkleidung trägt, und für den Zuschauer sieht es so aus, als ob er von dem Hund, mit dem er arbeitet, gebissen würde. Was nicht zu erkennen ist, ist allerdings die Tatsache, dass der Hund bei dieser Arbeit auch seinen Gehorsam unter Beweis stellen muss. Die PO (Prüfungsordnung) schreibt dies vor, und nur der gut ausgebildete Hund, der seinen Gehorsam bei dieser Arbeit zeigt, kann die Prüfung bestehen.

In der echten Meute, zum Beispiel bei Wölfen, finden Kämpfe um die Rangordnung statt. Bei unserem Haushund sieht dies aber anders aus. Er lebt bei uns in der gemischten Meute Mensch/Hund und bekommt von uns seine Rangordnung in der Rangordnungsphase zugewiesen. Er bekommt auch von uns jegliches Raufen mit Artgenossen verboten. Wenn wir das erlaubten, wäre unsere ganze Prüfungsarbeit mit dem Hund in Frage gestellt. Es käme dann sogar so weit, dass er uns den Gehorsam verweigern würde.

Zu Beginn meiner Ausführungen habe ich schon gesagt, dass wir dem Welpen sein Spiel mit den Wurfgeschwistern ersetzen müssen und dass dieses Spiel artgerecht sein muss. Es ist ein Kampfspiel, bei dem der Welpe mit uns um einen kleinen Sack rauft, den wir ihm dann belassen, um ihm sein Erfolgserlebnis zu geben. Unser Hund hat keine Hände, er ist gezwungen, alles mit seinem Fang zu machen. Sie können aber feststellen, dass er oftmals mehr Gefühl in seinem Fang hat, als mancher Mensch in seinen Händen.

Wichtig ist, dass Sie immer daran denken: *Sie* beginnen das Spiel mit dem Welpen oder auch dem ausgewachsenen Hund und *Sie* bestimmen auch das Ende. Nur so wird er Ihre Autorität anerkennen und gehorsam das Hörzeichen »Aus« befolgen lernen.

Die Fortsetzung dieses Spiels ist die Arbeit mit dem Helfer im Schutzdienst, die im Alter von acht bis zehn Monaten beginnt. Sie müssen Ihren Hund kennen und die körperliche Reife Ihres Hundes für diese Arbeit berücksichtigen.

Der Helfer tritt jetzt an die Stelle des Hundeführers und übernimmt ein kontrolliertes Raufen mit dem Hund. Er wird hierbei an der Leine geführt, um so den von der PO geforderten Hörzeichen noch stärker Nachdruck geben zu können. Dieses Raufen mit dem Meutegenossen Mensch hat den Vorteil, dass sich der Hund austoben kann und so die Möglichkeit hat, seine Muskulatur und den Fang einzusetzen, den er ja sonst nur zum Fressen braucht. Durch diese Arbeit mit dem Meutegenossen Mensch bauen wir eher Aggression bei unserem Hund ab. Auf keinen Fall lehren wir den Hund, Menschen zu beißen. Er behält vielmehr seine Freude bei der Arbeit mit dem Menschen, und man sieht es immer wieder: Wenn der Helfer den Schutzarm auszieht, kann er den Hund wieder anfassen, ohne dass der Hund nochmals eine Reaktion zum Beißen zeigen würde.

Selbstverständlich beziehen sich meine Erklärungen nur auf den normal veranlagten Hund, der unter Berücksichtigung ordentlicher Erziehung und Haltung in den Rasse- und Gebrauchshunde-Verbänden vorgestellt wird. Tiere, die im Diensthundebereich Verwendung finden sollen, unterliegen einer besonderen Auswahl und müssen andere Voraussetzungen erfüllen als der Hund des Liebhabers. Wir wollen nichts weiter, als mit unserem Hund unseren Sport betreiben. Allerdings ist die Ausbildung unserer Hunde auch eine Bedingung, die von einem Rassehunde-Verein für die Zucht gefordert wird.

Wichtig ist, dass der Welpe nicht nur im Zwinger gehalten wird, sondern sich auch im Wohnbereich aufhalten darf. Wenn ich es dem Welpen verweigere, sich in seiner neuen Meute zu bewegen, habe ich auch nicht die Möglichkeit, ihn zu erziehen. Ausschließliche Zwingerhaltung führt dazu, dass der Welpe verwaist, nicht ordentlich in seine neue Umgebung und Gemeinschaft integriert werden kann.

SO LERNEN WELPEN HÖRZEICHEN

So wie die Welpen bei mir die Hörzeichen »Sitz«, »Platz« und »Hier« während der Sozialisierungsphase erlernt haben, so lernten sie auch die Hörzeichen »Gib Laut« und »Aus«. Und so habe ich meinen Welpen die Hörzeichen beigebracht:

Sie benötigen zum Üben zweimal am Tag jeweils eine halbe Stunde. Zu welchen Tageszeiten Sie sich mit

Ihrem Hund beschäftigen, bleibt Ihnen überlassen. Sie sollten es sich aber so einrichten, dass Sie immer zu den gleichen Tageszeiten die Übungen durchführen. Betrachten Sie diese Zeit als Spielstunde, die Ihr Welpe mit Ihnen benötigt. Zum Erlernen des Hörzeichens »Gib Laut« habe ich die Frühstückszeit genutzt. Ich habe mich am Tisch so platziert, dass der Hund sich nur an einer Seite bei mir hinsetzen konnte. Auf dem Teller war ein Stück Brot, belegt mit einer gut riechenden Wurst. Diese Scheibe Brot habe ich mit gespieltem ausdrücklichen Wohlgefallen in kleine Stücke geschnitten. Ein Stück nach dem anderen wanderte dann in meinen Mund. Hierbei habe ich lautstark geschmatzt und gekaut, ohne den Welpen eines Blickes zu würdigen. Er hat neben mir gesessen, mich mit der Schnauze angestoßen und mit der Pfote an meinem Bein gekratzt, aber er bekam erst das letzte Stück.

Am zweiten Tag habe ich das gleiche Schauspiel wiederholt. Nur mit dem Unterschied, dass ich ihm jetzt noch den Rücken zukehrte. Da ich ihn nicht angesehen und auch nicht auf sein Kratzen mit der Pfote an meinem Bein reagiert habe, gab er einen verhaltenen Laut von sich. Das war der Zeitpunkt, auf den ich gewartet hatte. Ich habe mich sofort nach ihm umgedreht, lobte ihn mit »So ist's brav« und dem Hörzeichen »Gib Laut«. Gleichzeitig gab ich ihm ein kleines Stück von meinem Brot.

Am dritten Tag, als ich mich kaum am Tisch niedergelassen und mit dem Frühstück begonnen hatte, setzte sich mein Welpe zu mir und gab ohne Aufforderung »Laut«. Dies habe ich mit Abgabe des Hörzeichens »Gib Laut« in freudigem Tonfall unterstützt und ihm ein Stück Brot gegeben. Von diesem Zeitpunkt an gab er Laut, wenn ich es mit dem Hörzeichen »Gib Laut« von ihm forderte. Er bekam dann ein Stück Futter oder auch das von ihm gewünschte Spielzeug. So habe ich das »Laut geben« auch auf den Jutesack ausgedehnt, den wir zum Raufen benutzten.

Wenn Sie so mit Ihrem Welpen beginnen, wie ich es beim Frühstück tat, darf keine zweite Person mit am Tisch sitzen, da sonst der Erfolg ausbleiben würde. Sobald er von sich aus »Laut« gibt, wenn er den Jutesack sieht, ohne vom Hundeführer das Hörzeichen »Gib Laut« erhalten zu haben, darf das Hörzeichen bei anderen Gegenständen nicht mehr erfolgen. Es könnte sonst der Fall eintreten, dass er das Bringholz verbellt, wenn Sie die Übung »Bringen auf ebener Erde« mit ihm lernen. Das muss aber vermieden werden, da sonst diese Übung vom Hund nie korrekt gezeigt wird.

Wie bereits unter »Das Welpenspiel« erklärt, lernt der Welpe im Spiel sehr leicht und schnell. Der Welpe hat in dieser Zeit zwar noch seine Milchzähne, kann sie aber schon schmerzhaft einsetzen, wenn er mit uns spielt. Er beabsichtigt nicht bewusst, uns weh zu tun. Seine Artgenossen sind nur nicht so empfindlich wie wir. Jeder Hundehalter, der einmal mit einem Welpen zu tun hatte, hat mit Sicherheit schon die gleichen Erfahrungen gemacht wie ich. Wenn der kleine Kerl uns mit seinen spitzen Zähnen an der Hand oder im Unterarm erwischt, entfährt uns ein wehleidiges »Au«. Ich hatte oft den Eindruck, dass dieser Laut des Schmerzempfindens, den der Welpe von uns hört, ihm nicht fremd ist. Er lockert in diesem Moment seinen Griff und schaut uns mit ungläubigem Blick an. Wenn Sie dieses Verhalten des Welpen beim Raufen mit dem Jutesack nutzen, erlernt der Welpe sehr schnell das Hörzeichen »Aus« über den Schmerzlaut »Au«. Außerdem haben Sie noch die Möglichkeit, das Hörzeichen mit dem Schnauzengriff zu unterstützen - aber bitte mit der nötigen Vorsicht und dem hierfür erforderlichen Gefühl vorgehen. Sie haben es mit einem Welpen zu tun, der mit Ihnen spielen will. Er soll nur das Hörzeichen erlernen und keine korrekte Arbeit zeigen.

SPIEL AUF DEM ÜBUNGSPLATZ

Wenn Ihr Welpe nun die Hörzeichen nach meinen Erläuterungen gelernt hat, übertragen Sie das Spiel mit dem Sack auf den Übungsplatz. Der Welpe sollte aber nicht jünger als vier Monate sein, wenn Sie das Spiel auf den Übungsplatz ausdehnen. Und es ist nur dann sinnvoll, wenn Sie alleine und ungestört sind.

Jegliche Ablenkung sollte man dem Welpen ersparen!

Sie können sich in ein Versteck stellen, halten seinen kleinen Jutesack vor Ihren Körper und lassen den Welpen unter Abgabe des Hörzeichens »Sitz« vorsitzen und fordern ihn mit »Gib Laut« zum Verbellen auf. Es dürfte dem Welpen keine Schwierigkeiten bereiten, auch das Hörzeichen »Sitz« zu befolgen, denn es war ja eines der ersten Hörzeichen, die er erlernt hat. Nach meinen Erfahrungen führt der Welpe die geforderten Hörzeichen aus. Anschließend lassen Sie ihn den Sack fassen, raufen mit ihm und beenden das Spiel mit dem Hörzeichen »Aus«. Er wird nicht sofort ablassen, aber nach wiederholter Abgabe des Hörzeichens und dem Nackengriff tritt der Erfolg ein.

Danach lassen Sie ihn nochmals mit dem Sack raufen und bestätigen ihm seinen Erfolg, indem Sie ihm den Sack überlassen. Sie können dann weiter mit ihm spielen, aber benutzen Sie dann den Ball. Wenn Sie dieses Spiel zweimal die Woche mit Ihrem Welpen durchführen, lernt er in kurzer Zeit, dass er am Versteck erst bellen muss, danach beißen darf und dann erst seinen Sack bekommt. Diese Art des Lernens mit Welpen ist weiter nichts, als natürliches Aufbauen von Verständigung zwischen Mensch und Hund.

In der Zeit von 1970 bis zum Jahr 1986 hatte ich die Möglichkeit, diese Arbeit mit vier Welpen, zwei Hündinnen und zwei Rüden, zu erproben. Alle vier lernten sehr schnell das von ihnen Verlangte und bestanden die SchH 1 mit SG und V (Sehr gut und Vorzüglich).

Einer der Rüden war mein Eigentum, ich konnte ihn ganz auf mich einstellen, und er erhielt bei allen Prüfungen SchH 1, 2 und 3 die Note Vorzüglich. Betonen muss ich bei diesem Rüden noch, dass er mit 14 Monaten die SchH 1 und mit 18 Monaten bereits die SchH 3 ablegte. Jede Prüfung fand auf einem für ihn fremden Platz statt.

DAS REVIEREN

Die Prüfungsordnung fordert nicht nur die Übung »Stellen und Verbellen«, sondern auch zwei Seitenschläge bei der VGP 1. Die Hörzeichen lauten »Voran« oder »Revier«. Wenn der Hund um das erste Versteck herum geht, ist es erlaubt, ihn mit dem Namen und dem Hörzeichen »Hier« abzurufen. Sie müssen ihn nun erneut unter Abgabe eines der genannten Hörzeichen und in Verbindung mit erhobenem Arm zum zweiten Versteck schicken, in dem der Helfer steht. Dort soll der Hund nun die Übung »Stellen und Verbellen« zeigen. Ich schlage vor, dass Sie für diese Übung »Revieren« das Hörzeichen »Voran« benutzen. Vom Klang her ist das Hörzeichen »Voran« für den Hund leichter zu verstehen. Wenn es sich um einen sehr drangvollen Hund handelt, ist es möglich, dass er das Hörzeichen »Hier« mit dem Hörzeichen »Revier« verwechselt und sich erst nach Abgabe eines zweiten Hörzeichens abrufen lässt.

Da es sich bei Ihrem Hund noch um einen Welpen handelt, der lediglich das Hörzeichen für diese Übung erlernen soll, führen Sie ihn an der Leine unter Abgabe des Hörzeichens »Voran« um die Verstecke herum. Wenn Sie das wiederholt tun und beim zweiten Mal im ersten Versteck auf einem Stück Papier etwas Futter auslegen, ist Ihnen der Erfolg sicher. Beim dritten Versuch legen Sie, bevor Sie mit Ihrem Hund den Übungsplatz betreten, im ersten Versteck Futter aus. Führen Sie nun Ihren Welpen an der Leine um das erste Versteck, lassen ihn aber nicht an das ausgelegte Futter. Gehen Sie nun zur Mitte des Platzes zurück und schicken ihn, unter Abgabe des Hörzeichens »Voran«, zum Versteck. In der Zeit, in der Ihr junger Hund sich zum Versteck begibt, gehen Sie zum zweiten Versteck und rufen Ihren Hund mit dem Namen und dem Hörzeichen »Hier« ab. Wenn er kommt, nehmen Sie sichtbar für ihn seinen Sack aus Ihrer Tasche und gehen in das Versteck. Nun führen Sie das »Stellen und Verbellen« so aus, wie ich es bereits geschildert habe. Beachten Sie aber genau die geschilderte Vorgehensweise mit Bestätigung und so weiter.

Verknüpft Ihr Hund nun die einzelnen Handlungen, können Sie dazu übergehen, immer ein Versteck mehr in die Übung einzubeziehen. Lob und Spiel mit dem Welpen dürfen aber nicht zweitrangig verlaufen. Auch sollten Sie daran denken, dass Sie Ihren Welpen nicht länger als zehn Minuten mit dem Erlernen eines Hörzeichens belasten.

GRIFFÜBUNGEN

Ihr Hund ist jetzt etwa fünf bis sechs Monate alt und hat sein bleibendes Gebiss. Während der Übungsstunden lassen Sie ihn bei der Schutzdienstarbeit ruhig zusehen, damit er sich an die Umgebung und an die Helfer in voller Schutzdienstbekleidung gewöhnt. Es kommt jetzt die Zeit, in der Sie mit Ihrem Welpen mit Griffübungen beginnen können.

Bei trockenem Wetter legen Sie sich auf dem Übungsplatz mit Ihrem Welpen ins Gras und spielen mit ihm. Für dieses Spiel verwenden Sie seinen Sack, den Sie mit beiden Händen festhalten. Er versucht nun, Ihnen diesen Sack abzunehmen, was ihm aber nicht gelingt, da Sie den Sack mit beiden Händen festhalten. Sie werden feststellen, dass Ihr Welpe das Gewicht Ihres Körpers im Gras bewegen kann. So, wie Sie dieses Spiel begonnen haben, beenden Sie es: Sie stehen auf und geben Ihrem Welpen das Hörzeichen »Aus«. Hat er seinen Gehorsam gezeigt, raufen Sie noch einmal kurz mit ihm, belassen ihm dann den Sack und bestätigen ihm so seinen Erfolg. Anschließend fordern Sie ihn auf, mit dem Ball zu spielen. Sie werfen den Ball möglichst weit weg, er läuft nun dem Ball hinterher, und Sie kommen wieder, ohne ein Hörzeichen geben zu müssen, in den Besitz seiner Beute (dem Sack), den Sie wieder in die Tasche stecken.

Als Abschluss empfehle ich Ihnen, dass Sie sich jetzt den Ball bringen lassen und das Spiel beenden. Nun legen Sie Ihren Hund etwa zehn Meter vom Versteck mit Abgabe des Hörzeichens »Platz« ab. Sie gehen in das Versteck, nehmen wieder seinen Sack und beginnen, unter Abgabe des Hörzeichens »Voran«, die Übung »Stellen und Verbellen«.

Wenn Sie die Übung nach gelungenem Abschluss beenden, werden Sie feststellen, dass Ihr Hund Freude an der Arbeit mit seinem Meuteführer hat und aufmerksam seinen Gehorsam unter Beweis stellt. Wenn Sie die Übung in den folgenden Tagen wiederholen, nehmen Sie auch einen Schlagstock mit in das Versteck. Den Stock verwenden Sie aber nur zur Ausführung von Drohgesten, indem Sie dem Hund den Stock mit schnellen Bewegungen sanft über den Körper ziehen. Auch mit erhobenem Arm ausgeführte Scheinschläge dürfen nur mit streichelnder Wirkung an dem Körper des Hundes entlang geführt werden. Betrachten Sie diese Arbeit nur als eine Übung zur Gewöhnung an die bald folgende Helfertätigkeit.

Aus meinen Ausführungen konnten Sie erkennen, dass der Welpe bei mir erst alle Hörzeichen und dann die Ausführungen der Übungen erlernt. Durch diese Art der Erziehung stärke ich das

Die Schutzkleidung des Helfers beim Schutzdienst

Selbstvertrauen des jungen Hundes zu seinem Meuteführer und baue ihm für die spätere Arbeit mit dem Helfer eine Brücke. Bewusst verzichte ich auch auf das Üben des Griffes mit dem Helfer. Ich setze voraus, dass die Muskulatur des Hundes vorhanden ist. Ein Mangel der Kaumuskulatur lässt sich durch Griffübungen nicht beheben. Meine Hunde bekommen beim Raufen im Gras mit mir und dem Sack oder der Beißwurst die Möglichkeit, ihre Kaumuskulatur zu kräftigen. Ein ausgewachsener Hund ist in der Lage, einen im Gras liegenden Menschen mit einem Gewicht von 80 kg - und mehr - mehrere Meter zu ziehen. Oftmals habe ich feststellen können, dass ein schwacher Griff sich durch Griffübungen mit dem Helfer zwar festigte, aber als dann der unbedingte Gehorsam vom Hund gefordert wurde, war vom festen Griff nichts mehr da. Es wurde lediglich das Vertrauen zum Helfer gefördert, was letztlich auch wieder verloren ging.

Es ist also ersichtlich, dass ein »Schutz- und Gebrauchshund« vom gesunden Aufbau des Gehirns, seiner Organe, seines Skeletts und seiner Muskulatur bestimmt ist. Er muss nervenfest, selbstsicher, unbefangen und aufmerksam sein. Der Hundeführer trägt die Verantwortung für ein Lebewesen, das auch eine Seele besitzt, und darf den Hund nicht als Gegenstand betrachten. Die Liebe zum Tier muss immer im Vordergrund stehen. Unter diesen Voraussetzungen betrachte ich die Erziehung und die spätere Ausbildung meines Hundes.

ÜBERFALL AUS DEM VERSTECK

Eine weitere Übung, die Sie mit Ihrem jungen Hund üben können, ist die Übung zum Überfall aus dem Versteck. Die Übung nach VPG 1 erfolgt nach »Stellen und Verbellen«. Nach der PO ist es eine Freifolge in Richtung des Versteckes, in das der Helfer vom Leistungsrichter eingewiesen wurde. Mit Ihrem Welpen können Sie natürlich nicht die Voraussetzungen der PO berücksichtigen. Nach der Übung »Stellen und Verbellen«, unter Berücksichtigung meiner vorher bereits erklärten Arbeitsweise, beenden Sie die Übung.

Im Anschluss an diese Übung nehmen Sie Ihren Welpen an die Leine und begeben sich seitlich des Versteckes in die Grundstellung. Nun beginnen Sie die Leinenführigkeit mit Ihrem Hund in Richtung des nächsten Verstecks. Wenn Sie dort angekommen sind, lassen Sie Ihren Hund neben dem Versteck absitzen, gehen zu dem Versteck und hängen, sichtbar für Ihren Hund, seinen Sack oder die Beißwurst an das Versteck. Der Hund muss während dieser Tätigkeit an seinem Platz sitzen bleiben. Er muss seinen Gehorsam zeigen, da sonst Ihre Arbeit mit ihm in Frage gestellt ist. Anschließend setzen Sie die Leinenführigkeit fort, machen eine Kehrtwendung und gehen an dem Versteck, an dem die Beißwurst hängt, vorbei, bis Sie wieder an

Ihrem Ausgangspunkt, dem Beginn Ihrer Leinenführigkeit, angelangt sind.

Diese Leinenführigkeit mit der am Versteck hängenden Beißwurst absolvieren Sie drei- oder viermal hintereinander. Am ersten Tag üben Sie die Leinenführigkeit zweimal, nehmen - am Versteck angekommen - die Beißwurst ab und beginnen mit Ihrem Hund zu raufen. Wenn Sie die Kampfhandlung mit Ihrem Hund einstellen, muss er auf Ihr Hörzeichen »Aus« unbedingt seinen Gehorsam zeigen. Zeigen Sie ihm immer, wer der Meuteführer ist, selbst wenn Sie den Schnauzengriff anwenden müssen. Beachten Sie, dass Sie bei dieser Übung die Kampfhandlung nicht immer nach der zweiten Leinenführigkeit beginnen. Einmal beginnen Sie hiermit nach der dritten, ein anderes Mal nach der ersten Leinenführigkeit. Sie können dann, je nach Fortschritt der Arbeit, auch den Versuch einer Freifolge in den Übungsverlauf einbeziehen. Aber auch dann darf nicht immer nach der Freifolge eine Kampfhandlung erfolgen. Der Hund darf in diesem Alter noch nicht an ein routinemäßiges Arbeiten gewöhnt werden, da sonst seine Aufmerksamkeit dem Meuteführer gegenüber nachlässt.

Grundsätzlich sollten Sie sich merken, dass das, was Sie eben gelesen haben, sich nur auf das Erlernen der Hörzeichen bezieht, und der noch junge Hund diese Übungsteile nur mit seinem Hundeführer übt. Es liegt aber auf der Hand, dass er in diesem Alter auch schon seinen Gehorsam dem Meuteführer gegenüber erweisen muss. Er bekam seine Rangordnung zugeteilt und er muss sich so verhalten, wie er es in der echten Meute dem Meuteführer gegenüber auch tun müsste.

ARBEIT MIT DEM HELFER

Es kommt nun die Zeit, in der Sie Ihren jungen Hund dem Helfer Ihres Vereins vorstellen. Das sollte aber nicht früher als zwischen dem achten und dem zehnten Monat geschehen, auch wenn Ihr junger Hund bezüglich seiner körperlichen Reife schon gefordert werden kann. Sie sollten vorher mit dem Helfer eine Absprache treffen und ihn über Ihre Arbeitsweise genau unterrichten.

Sie lassen den Helfer etwa vier Schritte vom Versteck Aufstellung nehmen und gehen mit Ihrem Hund, der an der Leine geführt wird, zum Helfer. Dort nehmen Sie mit Ihrem Hund die Grundstellung ein, geben dem Helfer die Beißwurst Ihres Hundes und lassen ihn dann bis zum Versteck zurücktreten. Nun geben Sie Ihrem Hund das Hörzeichen »Voran«, worauf Ihr Hund, so wie er es bei Ihnen gelernt hat, dicht vor dem Helfer sitzt und ihn verbellt. Der Unterschied ist lediglich, dass Ihr Hund jetzt diese Übung an langer Führleine absolviert. Anschließend führt der Helfer mit dem Hund eine leichte Kampfhandlung aus und bleibt dann ruhig stehen. Nun warten Sie einen Augenblick und geben das Hörzeichen »Aus«. Sie lassen

Arbeits- und Hilfsgeräte des Helfers beim Schutzdienst

1. Peitsche
2. Der Softstock
3. Der Jutesack mit kurzer Leine

1. Die Beißwurst
2. Der Junghund-arm
3. Der Schutzarm mit Beißhilfe und Überzug

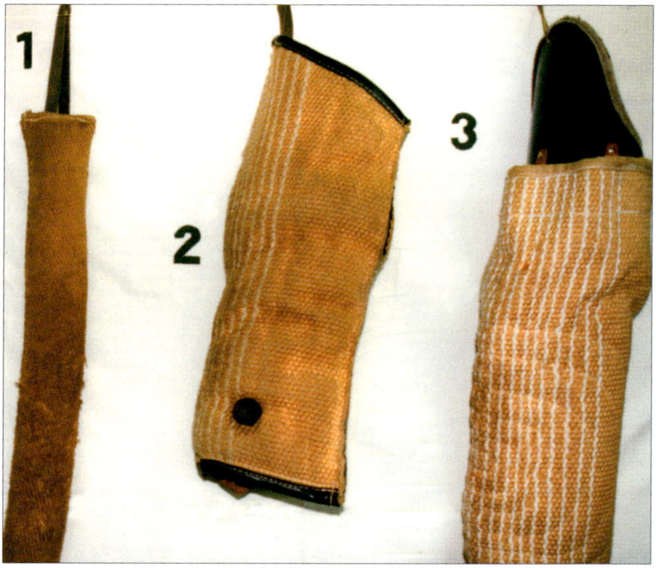

sich nun die Beißwurst geben, lassen Ihren Hund nochmals beißen, loben ihn und belassen ihm dann als Bestätigung seine Beute. Nun gehen Sie schnell mit Ihrem Hund vom Platz. Da der Hund seine ihm bekannte Beißwurst hatte, haben Sie Ihrem Hund eine Brücke zum fremden Helfer gebaut. Das nächste Mal kann der Helfer dann seine eigenen Geräte benutzen. Ich schlage vor, dass der Helfer für Ihren Hund in der nächsten Übungsstunde einen Junghundärmel benutzt.

Sie führen Ihren Hund wieder an langer Führleine und lassen ihn zusehen, wenn der Helfer sich in das Versteck begibt. In einer Entfernung von etwa zehn Metern vom Versteck nehmen Sie mit Ihrem Hund die Grundstellung ein. Nach erfolgtem Hörzeichen »Voran« rennen Sie mit Ihrem Hund zu dem im Versteck wartenden Helfer. Bevor Sie dort ankommen, bremsen Sie den Lauf Ihres Hundes und geben vor dem Helfer dann die Hörzeichen »Sitz« und »Gib Laut«. Wenn eine Korrektur erforderlich ist, haben Sie die Möglichkeit, die Leine und das erforderliche Hörzeichen zu gebrauchen. Es folgt dann, wie beschrieben, eine kurze Kampfhandlung. Nach Einstellung der Helfertätigkeit beenden Sie die Übung mit dem Hörzeichen »Aus«, nehmen dem Helfer den Ärmel weg und bestätigen Ihren Hund. Sie loben Ihren Hund nun mit freudigem Ton und verlassen mit schnellem Schritt den Übungsplatz. Die Übung »Revieren« betrachten Sie als eine Gehorsamsübung, die Sie auch ohne Helfer mit Ihrem Hund üben können.

Es ist Ihnen sicher nicht entgangen, dass ich bei der Arbeit mit dem Helfer die lange Führleine benutze. Die Leine hat nicht nur den Sinn, sie als Druckmittel einsetzen zu können. Sie hilft auch Ihrem Hund, da er ständig den Kontakt zu seinem Meuteführer spürt. Bei späteren Arbeiten im Schutzdienst ist auch die zehn Meter lange Leine zur Korrektur eine sehr gute Hilfe. Ich habe festgestellt, dass junge starke Hunde, die zu früh ohne Leine ihre Arbeit mit dem Helfer erlernen mussten, vom Helfer sehr schnell überfordert wurden. Der schwächere Hund ist schnell erkannt und wird mit der nötigen Vorsicht bei der Arbeit behandelt. Sind Sie mit Ihrem Hund nun so weit fortgeschritten und führt er die Übung »Stellen und Verbellen« zu Ihrer Zufriedenheit aus, beginnen Sie die Übung »Revieren« mit einzubauen.

Haben Sie die Übung »Revieren« nach meinen Vorschlägen geübt, werden Sie keine Schwierigkeiten haben, vor dem »Stellen und Verbellen«, zwei Seitenschläge von Ihrem Hund ausführen zu lassen.

Haben Sie noch Probleme, gehen Sie wie folgt vor: Stellen Sie sich mit Ihrem Hund in der Mitte des Übungsplatzes auf und lassen Ihren Hund zusehen, wenn der Helfer in das Versteck geht. Nun senden Sie Ihren Hund, wie gewohnt, zum »Stellen und Verbellen«. Hat er diese Übung ausgeführt, holen Sie ihn vom Helfer ab. Wenn Sie den Platz verlassen, gehen Sie mit Ihrem Hund so in Deckung, dass er nicht sieht, wenn der Helfer in das gegenüber liegende Versteck geht. Ist das geschehen, gehen Sie wieder mit Ihrem Hund in die Mitte des Übungsplatzes und schicken ihn wieder in das Versteck, in dem vorher der Helfer stand. Kommt er dort an und geht um das Versteck herum, rufen Sie ihn mit Namen und dem Hörzeichen »Hier« wieder ab. Ihre Hörzeichen, der Name des Hundes und das »Hier« sind für den Helfer das Signal, sich dem Hund kurz zu zeigen. Ihr Hund reagiert dann sehr schnell, und ebenso schnell müssen Sie das Hörzeichen »Voran« geben. Die weitere Arbeit geht dann in gewohnter Weise weiter. Sie leinen Ihren den Helfer verbellenden Hund wieder an.

Die nächste Übung ist der Überfall aus dem Versteck. Die PO fordert, dass der Helfer vom Leistungsrichter in ein Versteck eingewiesen wird, das etwa fünfzig Schritte vom Ort der Stell- und Verbellübung entfernt ist. Den Transport zu diesem Versteck sollen Sie mit Ihrem Hund in der Freifolge, also ohne den Hund anzuleinen, zeigen. Sie beginnen mit der Leinenführigkeit. Beim Üben empfehle ich, dass Sie nicht in Deckung bleiben wenn der Helfer sich zu diesem Versteck begibt. Treten Sie also mit angeleintem Hund seitlich neben das Versteck und lassen Ihren Hund zusehen, wenn der Helfer in das Versteck geht. Ist der Helfer dort verschwunden, beginnen Sie mit Ihrem Hund die Leinenführigkeit. Gehen Sie an dem Versteck vorbei, machen eine Kehrtwendung und gehen zu Ihrem Ausgangspunkt zurück. Dies machen Sie zwei- bis dreimal.

Immer wenn Sie sich etwa zehn Schritte von dem im Versteck stehenden Helfer befinden, sollte der Übungswart dem Helfer zurufen »Kommen«. Dies darf aber vom Helfer anfangs nicht befolgt werden. Der Hund soll lediglich das Wort hören, wie es bei Prüfungen von dem Leistungsrichter verwendet wird, aber nicht auch auf das Wort reagieren lernen. Die meisten Hunde lernen dieses Wort sehr schnell und brechen aus, wenn sie es hören. Um diesen Ungehorsam zu vermeiden, empfehle ich diesen psychologischen Trick:

Sind Sie mit der Arbeit Ihres Hundes zufrieden (er führt die Freifolge korrekt aus), ist der Helfer aufgefordert, einen Angriff auf den Hundeführer und seinen Hund auszuführen. Der Hund muss diesen Angriff durch festes Zufassen vereiteln. Bei dieser Kampfhandlung erhält der Hund vom Helfer zwei Schläge auf nicht empfindliche Körperteile. Der Hund darf den Schlägen nicht ausweichen.

Nachdem der Helfer die Kampfhandlung eingestellt hat, wird der Hundeführer nun aufgefordert, unter Abgabe des Hörzeichens »Aus« auf seinen Hund einzuwirken, damit er vom Helfer ablässt, ihn aber weiterhin aufmerksam beobachtet.

Nach dieser Übung folgt bei VPG 1 die Mutprobe. Der Hundeführer hält bei dieser Übung seinen Hund am Halsband fest, während der Helfer vom Leistungsrichter aufgefordert wird, unter Drohbewegungen gegen Hundeführer und Hund zu fliehen. Auf Anweisung des Richters muss der Hundeführer nun seinen Hund dem fliehenden Helfer nachsenden, wenn dieser etwa fünfzig Schritte vom Hund weg ist. Es erfolgt nun eine Kampfhandlung, wobei der Helfer den Hund unter Drohbewegungen stark bedrängt. Auch jetzt muss der Hund nach Beendigung der Kampfhandlung auf das Hörzeichen »Aus« von seinem Hundeführer vom ruhig stehenden Helfer ablassen und ihn aufmerksam beobachten. Der Hundeführer begibt sich nun zu seinem wartenden Hund, lässt ihn mit dem Hörzeichen »Platz« diese Übung ausführen, den Helfer drei Schritte zurücktreten und entwaffnet den Helfer. Anschließend wird der Hund angeleint und der Seitentransport zum Richter ausgeführt. Der Hundeführer meldet sich dann laut PO mit seinem Hund ab.

Beim Üben konnte ich immer wieder feststellen, dass die Helfer nach Beendigung dieser Übung den Hund

zur Bestätigung den Ärmel geben. Wenn der schwache Hund vom Helfer die Bestätigung erhält, habe ich noch Verständnis für diese Handlungsweise. Beim starken Hund empfehle ich es aber nicht. Ich vertrete den Standpunkt, dass starke Hunde so an die Übergabe des Ärmels durch den Helfer gewöhnt werden, aus diesem Grund nachfassen und die Kampfhandlung unsauber beenden. Diese Gefahr ist besonders gegeben, wenn sie etwas länger warten müssen. Lernt der Hund aber zu warten, bis der Hundeführer kommt, die Entwaffnung durchführt und er dann erst vom Hundeführer die Bestätigung als Lob erhält, ist der Erfolg zur korrekten Arbeit sichergestellt. So habe ich stets meine Hunde für eine Prüfung vorbereitet und hatte mir psychologisch Vorteile erarbeitet, um möglichst hohe Bewertungen zu erhalten.

In den Übungsstunden habe ich viele Möglichkeiten, zum Erfolg zu kommen. Aber ich sollte immer versuchen, es dem Hund - und somit auch mir - so leicht wie möglich zu machen. Bei der Prüfung habe ich keine Chance einzuwirken, ohne das Punktekonto meines Hundes zu belasten.

Die meisten Hunde, die ich während meiner langjährigen Tätigkeit als Hundeführer und Leistungsrichter kennen lernte, wurden für den Schutzdienst nach alter Methode ausgebildet. Es hat sich auch bis jetzt noch nicht viel geändert. Der Hundeführer gibt das Hörzeichen »Aus«, wenn der Helfer die Kampfhandlung einstellt, und der Helfer wirkt zum Ablassen auf den Hund ein. Der Hundeführer steht dabei, gibt mehrmals das Hörzeichen »Aus« und wartet der Dinge, die da kommen.

Bei Hunden, mit denen die Erziehung über Verständigung erfolgte, ist eine solche Arbeitsweise nicht erforderlich. Der ordentlich erzogene Hund bekommt von mir nur ein Hörzeichen zum Ablassen nach einer Kampfhandlung. Befolgt er dieses Hörzeichen seines Meuteführers nicht, gehe ich in aller Ruhe zu meinem Hund, nehme ihn mit hartem Nackengriff, unter gleichzeitiger Abgabe der Hörzeichen »Aus« und »Sitz« vom Ärmel des Helfers. Ich entferne mich dann rückwärtsgehend von meinem Hund. Anschließend hole ich ihn vom Helfer ab und wiederhole diesen Übungsteil. Befolgt der Hund nun das Hörzeichen, beende ich mit der üblichen Bestätigung und lobend die Kampfhandlung. Denken Sie immer daran, dass Sie der Meuteführer sind und Sie bestimmen, wem der Hund seinen Gehorsam erbringen muss. Es gibt noch andere Möglichkeiten, die hohe Anforderungen des Gehorsams an Ihren Hund stellen, die ich Ihnen jetzt erklären möchte.

Ein starker Hund neigt dazu, seinem Meuteführer hauptsächlich im Schutzdienst den Gehorsam zu verweigern. Wie schon erläutert, schaffe ich durch Erziehung die Basis zum unbedingten Gehorsam gegenüber dem

Meuteführer. Habe ich einen solchen Hund, kann ich schon bei der Unterordnung einwirken, indem ich eine Person in voller Schutzkleidung auf dem Platz herumgehen lasse. Es muss kein Helfer sein, denn diese Person hat nur die Aufgabe, sich auf dem Platz sichtbar für den Hund während meiner Unterordnung zu zeigen. Dieser Helfer kann sogar neben mir stehen, wenn ich eine Entwicklung zu einer Übung beginne, oder die Übung »Platz in Verbindung mit Herankommen« ausführe. Es ist eine bewusste Provokation des Hundes, die ihn veranlasst, Fehler im Gehorsam zu begehen. Er erkennt aber sehr schnell, dass er mit dem ungeliebten Schnauzengriff und in strafendem Tonfall von seinem Meuteführer korrigiert wird. Ich habe schon erklärt, dass der Hund den Weg des geringsten Widerstandes sucht und bei zwei- oder dreimaliger Wiederholung der Unterordnungsleistung, mit einem Helfer auf dem Platz, dann seinen Gehorsam zeigt.

Das Gleiche können Sie tun, wenn ein Sportsfreund mit seiner Hündin Schutzdienst macht. Sie können dann, wenn Sie einen Rüden besitzen, Ihre Unterordnung machen. Sie werden überrascht sein, wie schnell Ihr Hund sich bei seiner späteren Schutzdienstarbeit gehorsamer zeigt. Denken Sie aber daran, dass er mindestens im Alter zwischen dem fünfzehnten und achtzehnten Monat stehen sollte, wenn Sie die Arbeit nach meinen Empfehlungen ausführen. Er sollte in jedem Falle bezüglich seiner Arbeit prüfungsreif sein.

Selbstverständlich beziehen sich alle meine Ausführungen nicht nur zur Ausbildung eines Hundes für die VPG 1, sondern für alle Prüfungsstufen.

Die Umstellung im Schutzdienst eines VPG 1-Hundes zur VPG 2 dürfte eine nicht allzu große Mühe sein. Es kommt lediglich die Übung »Flucht und Abwehr« hinzu. Nach dem »Revieren«, fünf bis sechs Seitenschläge, muss der Hund die Übung »Stellen und Verbellen« ausführen. Der Hund wird jetzt nicht mehr abgeholt, sondern abgerufen. Der Richter weist den Hundeführer in Nähe des Versteckes ein, von wo er nun nach kurzer Wartezeit seinen Hund abrufen muss. Dann wird der Helfer aus dem Versteck gerufen, wo er an einem vorher bestimmten Platz in Wartestellung verweilt. Der Hundeführer lässt nun seinen Hund die Übung »Platz« ausführen und durchsucht den Helfer nach versteckten Waffen. Anschließend begibt sich der Hundeführer in das Versteck. Es erfolgt nun die Flucht des Helfers, die der Hund durch festes Fassen zu verhindern hat. Ist die Übung vom Hund ausgeführt, auch das Hörzeichen »Aus« seines Hundeführers befolgt, vollzieht nun der Helfer die »Abwehr« entsprechend der PO. Es ist ein Angriff auf den Hund, der aufmerksam vor dem Helfer in Warteposition verharrt. Dem Hund werden bei diesem Bedrängen zwei Schläge auf nicht empfindliche Körperteile verabreicht.

Er darf den Schlägen nicht ausweichen. Der Hundeführer steht während der Arbeit seines Hundes am Versteck und kann nur von dort, durch Abgabe der geforderten Hörzeichen, die Kampfhandlungen seines Hundes beenden.

Bei der VPG 1 wurde der Hund nach dem »Stellen und Verbellen« auf Anweisung des Richters immer abgeholt. Nun müssen Sie aber bei dieser Übung in einem Abstand von etwa vier Schritten vom verbellenden Hund stehen bleiben und die Anweisung des Richters zum Abrufen des Hundes abwarten. Verfahren Sie beim Üben sofort so, wie es die PO vorschreibt, wird Ihr Hund nach der dritten Übungsstunde, sobald sie Ihre Warteposition eingenommen haben, das »Stellen und Verbellen« einstellen und ohne das Hörzeichen zu Ihnen zurückkommen. Das können Sie vermeiden, wenn Sie folgendermaßen verfahren:

Gehen Sie zu Ihrem den Helfer verbellenden Hund, loben ihn mit den Worten »Gib Laut« und »So ist's brav« und gehen dann die vier Schritte zurück. Nach kurzer Wartezeit gehen Sie wieder zu Ihrem Hund, loben ihn erneut und verlassen nun, unter Abgabe des Hörzeichens »Hier«, mit Ihrem Hund das Versteck.

In der nächsten Übungsstunde nehmen Sie erst die Warteposition vor dem Versteck ein, lassen Ihren Hund warten und beobachten sein Verhalten. Anschließend gehen Sie wieder zu Ihrem Hund, loben ihn in gewohnter Weise und nehmen anschließend wieder Ihre Warteposition ein. Der Hund wird in den ersten drei Übungsstunden noch nicht abgerufen, sondern immer wie oben beschrieben abgeholt. Sollte er, wenn Sie in Wartestellung stehen, zu Ihnen kommen, führen Sie ihn sofort wieder zum Helfer und lassen ihn absitzen. Veranlassen Sie ihn wieder, den Helfer zu verbellen. Wenn Sie so mit Ihrem Hund üben, können Sie dann auch dazu übergehen, ihn abzurufen. Ihr Hund darf anfangs nicht erkennen, wann er abgeholt oder abgerufen wird.

Die eben beschriebene Übung ist auch ein Teil der VPG 3 und muss für diese Prüfung nicht gesondert besprochen und geübt werden.

DER TRANSPORT

Zu dem beschriebenen Übungsteil folgt bei der VPG 3 nach »Flucht und Abwehr« eine neue Übung. Sie nennt sich »Transport«. Der Hundeführer geht auf Anweisung des Leistungsrichters aus dem Versteck zu seinem Hund und fordert den Helfer zum »Vorangehen« auf. Der Hundeführer folgt dem Helfer in einem Abstand von fünf Schritten. Beim Angehen gibt der Hundeführer seinem Hund das Hörzeichen »Fuß«. Nach diesem Rückentransport erfolgt ein Überfall des Helfers auf Hundeführer und Hund. Die Schritte, die zurückgelegt werden müssen, sind aus der gültigen PO zu ersehen. Stockschläge bekommt der Hund jetzt keine, er soll diesen Überfall durch hartes Zufassen vereiteln. Der Überfall zählt bereits zur Übung »Überfall, Einholen und Mutprobe«. Ich habe den Beginn dieser Übung, den »Überfall«, schon jetzt mit einbezogen, da diese Übung für die folgende Erklärung wichtig ist.

Sie wissen, dass ein Hund einmal Erlebtes im Bruchteil einer Sekunde verknüpft.

Hat ein starker Hund einmal nach dem Rückentransport auch den »Überfall« erlebt, neigt er dazu, beim Transport nicht mehr korrekt bei »Fuß« zu gehen. Der Drang zum Helfer ist stärker, als der Gehorsam seinem Hundeführer gegenüber. Jetzt muss sich der Hundeführer etwas einfallen lassen, seinen Hund zu überlisten. Mit Gewalt ist in den meisten Fällen nichts zu erreichen.

Meine Vorschläge: Führen Sie den Rückentransport mit dem Helfer aus, vereinbaren aber vorher mit dem Helfer, dass er nicht nur Wendungen, sondern auch zwei Kehrtwendungen beim Transport ausführt. Nach der Kehrtwendung muss der Helfer Ihnen dann entgegenkommen, ohne den Überfall auszuführen. Vereinbaren Sie, dass der Helfer nach der zweiten Kehrtwendung, wenn Sie auf gleicher Höhe sind, eine Linkswendung macht und bewegen sich voneinander weg. Sie machen nun erneut eine Kehrtwendung und folgen so wieder dem Helfer. Auch sollten Sie den Helfer auffordern, zu halten. Im gleichen Moment, wenn der Helfer Ihr Kommando befolgt, geben Sie Ihrem Hund das Hörzeichen »Sitz« und bleiben ebenfalls stehen.

Wenn Sie ein paarmal mit Ihrem Hund und dem Helfer geübt haben, ohne den »Überfall« auszuführen, gehen Sie dazu über, auch den »Überfall« in die Übung mit einzubeziehen. Machen Sie aber Folgendes: Wenn der Helfer nach einer Wendung auch einmal eine Kehrtwendung ausgeführt hat und er an Ihnen vorbeiging, machen Sie auch eine Kehrtwendung und folgen dem Helfer wieder. Nun geben Sie Ihrem Hund das Hörzeichen »Sitz« und bleiben stehen. Wenn Sie nach kurzer Zeit wieder angehen und das Hörzeichen »Fuß« geben, geht der Helfer noch zwei bis drei Schritte und vollzieht dann den »Überfall« auf den Hundeführer und den Hund.

Diese Arbeit müssen Sie mit dem Helfer gut absprechen, denn davon hängt der Erfolg ab. Sie können nun beim Üben die Kehrtwendungen weglassen. Wenn Sie anhalten, Ihren Hund mit dem Hörzeichen »Sitz« absitzen lassen und Sie mit dem Hörzeichen »Fuß« angehen, kann der Helfer nach zwei Schritten seine Arbeit verrichten.

Diese Arbeitweise ist folgendermaßen zu erklären: Der Hund gewöhnt sich an die Hörzeichen »Sitz« und »Fuß« zum Angehen. Aus diesem Grund lernt er bei der Übung, korrekt bei »Fuß« zu gehen. Denn erst nach dem erneuten Angehen erfolgt der Überfall. Bei der Prüfung wartet er aber vergeblich auf das Hörzeichen, denn bei der Prüfung ist das nicht erlaubt. Der Hund hat aber bei dem »Transport« seine Führigkeit gezeigt.

Nachdem der Hund durch hartes Fassen den Überfall vereitelt hat, erhält er von seinem Hundeführer das Hörzeichen »Aus«. Da der Hundeführer in unmittelbarer Nähe das Hörzeichen gibt, dürfte das Ablassen vom Helfer bei korrekter Erziehung und Ausbildung keine Schwierigkeiten bereiten. Es erfolgt nun die Entwaffnung des Helfers, mit anschließendem Seitentransport zum Richter. Der Hundeführer erstattet seine Meldung und übergibt dem Richter den Schlagstock des Helfers.

Laut der PO müsste der Hundeführer nun mit seinem frei »Bei Fuß« gehenden Hund den Platz verlassen. Üblich ist es aber, dass der Hundeführer mit seinem Hund am Platzende in ein Versteck geht und dort auf die Anweisung des Richters wartet. Ein zweiter Helfer wird vom Richter in eines der ersten Verstecke auf dem Übungsplatz, etwa 100 Schritte vom wartenden Hundeführer entfernt, eingewiesen.

Der Hundeführer muss nun aus dem Versteck mit seinem Hund heraustreten und in der Platzmitte Aufstellung nehmen. Der Helfer kommt jetzt auf Weisung des Richters ebenfalls aus dem Versteck und macht durch Drohgesten auf sich aufmerksam. Der in Warteposition stehende Hundeführer hält seinen Hund am Halsband fest und fordert den fliehenden Helfer zum Stehenbleiben auf.

Das ist der Beginn der Übung »Einholen«. Da der Helfer nicht stehen bleibt, schickt der Hundeführer seinen Hund dem fliehenden Helfer nach. Auf Anweisung macht der Helfer nun kehrt und läuft dem Hund entgegen. Der Schutzarm wird so gehalten, dass der Hund gut fassen kann und nicht mit seinem Brustbein dem Helfer auf das Knie aufläuft. Dies zeichnet den guten Helfer aus, der aus der Bewegung heraus den Hund fachgerecht annimmt und so das Bedrängen des Hundes einleitet. Der Hund soll das »Einholen« schnell ausführen und ohne Zögern vollen und harten Griff zeigen. Diese Kampfhandlung war bereits der erste Teil der »Mutprobe«.

Stellt nun der Helfer das Bedrängen ein, hat dies in Blickrichtung zum Hundeführer zu erfolgen. Auf Anweisung des Leistungsrichters gibt der Hundeführer das Hörzeichen »Aus«. Nach dem Ablassen soll der Hund den Helfer aufmerksam beobachten. Hat der Hund korrekt abgelassen, erfolgt nach kurzer Wartezeit (ein erfahrener Helfer wartet etwa drei Sekunden) erneut ein Angriff auf den Hund. Der Hund erhält jetzt nochmals zwei Schläge auf nicht empfindliche Körperpartien. Danach stellt der Helfer die Kampfhandlung ein. Der Richter gibt nun dem Hundeführer Anweisung, seinen Hund mit dem Hörzeichen »Aus« zum Ablassen zu bewegen. Hat der Hund das Hörzeichen ausgeführt, kann der Hundeführer nach 30 Sekunden Wartezeit zu seinem Hund gehen. Er führt nun die Entwaffnung aus und es folgt der Seitentransport zum amtierenden Richter. Dort meldet er sich ab und verlässt mit frei folgendem Hund den Platz.

So steht es in der PO, aber in der Regel wartet der Hundeführer am Platzrand die Beurteilung der mit seinem Hund gezeigten Arbeit ab.

Dass die letzten Seiten nur eine Kurzfassung der Prüfungsordnung sind, ist mir klar. Aber ich glaube, dass dies erforderlich ist, denn nicht jeder Leser ist im Besitz einer PO. Er kann sich keine Vorstellungen machen, welchen Anforderungen der Hundeführer gerecht werden muss.

Eine persönliche Kritik gilt einigen Schutzarmen mit der so genannten »Beißhilfe«. Sie sind teilweise zu dick und zu hart, werden daher der Anatomie des Hundefangs im hinteren Kieferbereich nicht gerecht. Ein junger, drangvoller Hund, der einmal bei der Mutprobe mit einem solchen Arm Bekanntschaft gemacht hat, bremst beim nächsten Mal ab und zeigt zögernden Griff.

Das Triebleben unseres Hundes

Nach den Thesen von Freiler wird gelehrt, dass die Arterhaltung der Gattung Hund und auch ihr Wesen von ihrem Triebleben bestimmt wird. Er spricht zum Beispiel von Mut, Kampftrieb, Schutztrieb und Schärfe. Die weiteren Ausführungen beziehen sich noch auf das Temperament, die Führigkeit und die Härte.

Zu den Begriffen

a) ***Mut (Schneid)***
b) ***Kampftrieb***
c) ***Schutztrieb***
d) ***Schärfe***

machte Freiler sinngemäß etwa folgende Aussagen:

Zu a)
Der Hund zeigt seinen Mut, wenn er einen Feind (Scheintäter) stellt und rücksichtslos angreift. Er handelt selbstständig.

Den Begriff Mut billigt er aber nur dem Menschen zu. Freiler verwendet beim Hund das Wort Schneid und gibt auch die entsprechende Erklärung. Auf diese Aussage gehe ich später nochmals ein.

Zu b)
Kampftrieb erkennen wir, wenn der Hund sich freudig auf einen Angreifer stürzt und in seinem Verhalten zu erkennnen gibt, dass er den Kampf sucht. Wird der Hund einem mutmaßlichen Feind nachgeschickt und dieser führt in größerer Entfernung vom Hundeführer einen Angriff auf den Hund aus, so zeigt er, dass er neben Mut (Schneid) auch Kampftrieb besitzt, wenn er diesen Angriff durch energisches und hartes Zufassen vereitelt.

Zu c)
Schutztrieb besitzt der Hund, der einen Angriff auf seinen Meuteführer (Hundeführer) mit Abwehr beantwortet und jenen auf diese Weise unterstützt.

Zu d)
Schärfe hingegen kann anerzogen oder von Natur aus vorhanden sein. Der scharfe Hund kann auf die meisten für ihn negativen Sinneseinwirkungen mit dem allseits bekannten Angst-Fluchttrieb reagieren. Er gebärdet sich im Beisein seines Hundeführers wild und täuscht so nur Mut (Schneid) vor. Beim geringsten Angriff auf sich selbst oder seinen Führer weicht er aus. Er ist der typische »Angstbeißer« und unberechenbar.

Ferner erklärte Freiler noch die Begriffe »Härte, Führigkeit und Temperament«, auf die ich aber nicht eingehe, da es Begriffe sind, die bekannt sein dürften.

All diese Dinge hat Freiler in seinem Buch, das jetzt fast 50 Jahre alt ist, im Detail beschrieben. Seit dieser Zeit haben seine Aussagen auch für die Zucht unserer Rassehunde große Bedeutung erlangt und sind zu einem wichtigen Faktor der Zuchtordnung und der Körordnung geworden. Auch die Prüfungsordnung in der Abt. C, Schutzdienst, unterliegt seiner Lehre.

Nach den heutigen Erkenntnissen wäre es aber wichtig, dass man die vor so langer Zeit aufgestellten Behauptungen kritisch überprüft. Ich habe mich über dieses Thema mit einem anerkannten Wissenschaftler unterhalten, der mich in meinen Anschauungen auch unterstützt. Dieses Gespräch fand 1992 bei der SV-Richtertagung in Offenbach statt und zwar mit keinem Geringeren als Professor Dr. med vet. Walter Schleger vom Institut für Tierzucht und Genetik an der Veterinärmedizinischen Universität Wien.

In diesem Gespräch habe ich die Thesen nach Freiler angezweifelt: »Ich glaube nicht, dass es ein Lebewesen auf unserem Erdenrund gibt, dem man mehrere Triebleben zuschreiben darf. Die Tiere können nur durch ihr spezifisches Artverhalten überleben. Das Artverhalten betrachte ich als Arterhaltungstrieb und als einzige Triebart, die man einem Tier zubilligen kann.«

Er bestätigte mich mit den Worten: »Den Hund nach den Freilerschen Thesen hatten wir noch nicht und den werden wir auch nicht bekommen. Seine Thesen habe ich bereits vor 25 Jahren, wissenschaftlich belegt, für falsch erklärt«

Im diesem Gespräch forderte mich Professor Dr. Schleger auf, ihm zu erklären, welche Vorstellungen ich zum Arterhaltungstrieb habe. Ich sagte: »Den Arterhaltungstrieb sehe ich wie einen Sender und Empfänger, der dem vegetativen Nervensystem vorgeschaltet ist. Der Hund nimmt mit seinen Sinnesorganen aus seiner Umwelt Signalreize auf, die er wie Bausteine in der Gehirnrinde speichert. So erhält das vegetative Nervensystem Nachricht über die Erlebnisse des Hundes und entscheidet über die Reaktion. Die Handlung auf die erfolgte Reaktion sollte aber, in unserem Sinne, immer positiv sein.

Professor Dr. Schleger sagte darauf, dass man das so sehen müsse und nicht anders.

Einige »Hundefachleute« haben unserem Hund durch Wortspielereien noch mehr Triebleben zugeschrieben als es Freiler schon tat. Fast jeder kennt die Worte wie Beutetrieb, Haschtrieb, Meuteführertrieb und Spieltrieb. Dieses Verhalten, wenn es den Meuteführer betrifft, kann man auch anders auslegen. Es kommt immer auf die Situation an, in der sich der Meuteführer mit seinem Hund befindet. In den meisten Fällen ist es doch so, dass der Hund mit seinem Meuteführer spielen will, wenn er nicht mit ihm arbeiten muss. Ich vergleiche unseren Hund oft mit unseren Kindern. Bis zu einem gewissen Alter haben sie den unbändigen Drang zum Spielen mit dem Vater, der Mutter und ab einer gewissen Zeit dann mit ihren Freunden. Unser Hund jedoch, er kann so alt werden wie er will, er bleibt etwa im Alter eines vier- bis fünfjährigen Kindes stehen, behält den Drang mit uns zu spielen bei.

Wenn Sie Ihrem Hund einen Ball oder ein Stück Holz fortwerfen, er dem Gegenstand nachgeht und ihn wieder bringt, sagen Sie mit Sicherheit nicht, der Hund hat einen guten Beutetrieb. Sie erkennen, dass Ihr Hund gerne mit Ihnen spielt und sprechen auch nicht von Spieltrieb. Der Hund ist ein Lauftier und bewegt sich gerne mit Ihnen in freier Natur.

Auf den Begriff »Mut« sollte man ebenfalls verzichten, denn laut Freiler hat nur der Mensch Mut. Seine Begründung lautet etwa so: Wenn der Mensch sich in eine Situation begibt, die für ihn gefährlich ist, ist er in der Lage sich vorher zu überlegen, wie er wieder ohne Schaden zu nehmen aus dieser Gefahrensituation herauskommt. Nur dem Menschen billigt er das zu, weil er logisch und konstruktiv denken kann. Aus diesem Grund verwendet Freiler bei dem Hund den Begriff »Schneid«. Wenn ich aber unter dem Begriff »Schärfe« die Worte Angst- und Fluchttrieb benutze, ist das genauso falsch. Denn der Hund ist nicht in der Lage, aus logischen Überlegungen heraus Angst zu zeigen und eine Flucht zu beginnen. Wenn ein Hund zur Flucht neigt, liegt entweder eine Nervenschwäche vor, oder er hat bei der Ausbildung schlechte Erfahrungen gemacht. Ohne Grund löst das vegetative Nervensystem kein Fluchtverhalten aus.

Werden in Deutschland immer beliebter: die vier Varietäten des Belgischen Schäferhundes (von links nach rechts) Laekenois, Malinois, Groenendael und Tervueren.

Die Verhaltensweisen unseres Hundes und ihre Begründung

Unser Hund zählt zu den Räubern und Aasfressern und er ist aus diesem Grund darauf angewiesen, sich seine Nahrung im Kampf zu beschaffen. Nur so hat er die Chance zu überleben und seine Kampfbereitschaft und sein Kampfverhalten garantieren die Erhaltung seiner Art. Dieses Verhalten wurde ihm von Natur her durch die vorhandenen Gene, die sein Kampfverhalten bestimmen, mitgegeben. Die Voraussetzungen, die wir von unserem Hund fordern, müssen folgende sein:

> Gesunder Aufbau des Gehirns, des Skeletts, der inneren Organe, der Muskulatur und ein gesundes Nervensystem. Die Sinnesorgane dürfen hierbei nicht unberücksichtigt bleiben.

Die Voraussetzung für die Zucht müssen also gesunde Eltern sein. Die Welpen aus einer solchen Verbindung haben aber nicht alle die gleiche Stärke und das gleiche Gewicht. Bei der ersten Nahrungsaufnahme der Welpen an den Zitzen des Muttertieres beginnt bereits die Festlegung einer Rangordnung in der jungen Meute. Ein Welpe, der an einer Zitze keine Milch mehr bekommt und eines seiner Wurfgeschwister, weil er stärker ist, von der Nahrungsquelle verdrängen kann, erhält so sein erstes Erfolgserlebnis. Dieses Verhalten behält er bei der Nahrungsaufnahme bei. Wenn der Züchter mit dem Beifüttern beginnt, versucht dieser Welpe, seine Vormachtstellung durch Wegbeißen der Wurfgeschwister zu festigen.

In unserem Sinne gesprochen, entwickelt sich in der jungen Meute eine Art Faustrecht. Das gesamte Verhalten der Welpen, sei es beim Füttern oder beim Spielen, ist als Kampftraining zu werten, das zum Überleben sehr wichtig ist. Treiben es die Welpen zu wild, schreitet das Muttertier ein und schlichtet den Streit mit artgebundenen Strafen.

Es kommt vor, dass die Hündin im Beisein des Züchters ihre Strafmaßnahmen vollzieht. Der Züchter sollte dann nicht eingreifen. Eine gesunde Hündin tut nichts, was ihren Welpen schaden könnte. Sollte es vorkommen, dass ein Welpe in den ersten 24 Stunden nach der Geburt die Zitzen nicht findet, handelt eine gesunde Hündin richtig, wenn sie den nicht lebensfähigen Welpen beseitigt. Das klingt zwar hart, aber die Natur schreibt ihr dieses Handeln vor. Die Schweinezüchter sprechen bei einem Ferkel vom »Kümmerling«, der nicht lebensfähig ist, und beseitigen ihn auch. Der tierliebende Mensch neigt dazu, der Natur in das Handwerk zu pfuschen und versucht, einem kranken Tier zu helfen. In diesem Fall ist eine Hilfe falsch, der Mensch tut diesem Tier keinen Gefallen.

Auch das eben geschilderte Verhalten einer Hündin wird ihr vom Artverhalten, dem »Arterhaltungstrieb«, den ich wie einen Sender und Empfänger beschrieben habe und der dem vegetativen Nervensystem vorgelagert ist, vorgeschrieben. Ihre Handlung erfolgt nach eingegangener Information, durch Signalreize der Witterung und des Geschmackes: »Welpe ist nicht lebensfähig«. Die Signalreize werden in der Gehirnrinde gespeichert und vom Arterhaltungstrieb (Empfänger) an das vegetative Nervensystem weitergeleitet. Das vegetative Nervensystem leitet nun die Reaktion über den Arterhaltungstrieb (Sender) ein und lässt die Hündin die ihr vorgeschriebene Handlung ausführen.

Sie müssen bedenken, dass der Hund seine gesamten Erlebnisse, die positiven wie die negativen, auf diese Weise in der Gehirnrinde speichert. Aus diesem Grund sind seine Handlungen, bei gleicher Situation, immer dieselben. Ich habe gesagt, dass unser Hund ein Räuber und Aasfresser ist und nur im Kampf, der für ihn immer positiv verlaufen muss, sich seine Nahrung beschaffen kann. Nur so ist es möglich, dass die Arterhaltung (Fortplanzung) gewährleistet ist. Diese Kampfbereitschaft ist es, die wir bei unserem Hund für die Ausbildung nutzen und fördern wollen. Betreiben wir die Erziehung und die Ausbildung nicht artgerecht und nicht mit der erforderlichen Vorsicht, kommt es vor, dass unser Hund im Schutzdienst auch das Ausweichen lernt. In unserem Sinne ist das Ausweichen negativ zu sehen, aber für den Hund bleibt auch das Ausweichen positiv, denn beides garantiert die Arterhaltung. Wenn der Hund in freier Wildbahn leben müsste, hätten ihn seine Erfahrungswerte gelehrt, einem stärkeren Tier, einem Bären zum Beispiel, auszuweichen, statt sich ihm zum Kampf zu stellen.

Nicht nur die angeborene Kampfbereitschaft ist es, die unseren Hund für unsere Arbeit auszeichnet. Es ist auch erforderlich, dass er hierfür gut bemuskelt, nervenstark und selbstsicher ist. Selbstsicherheit lässt sich durch einen guten Hundeführer beeinflussen, aber die Kampfbereitschaft, die Muskulatur und die Nervenstärke muss der Hund über die Zucht mitbringen.

Ich kann mit jedem Welpen aus einer guten und gesunden Zucht nach korrekter Erziehung und Ausbildung eine VPG 1 Prüfung bestehen. Nur darf ich nicht erwarten, dass ich aus jedem Wurf einen Hund bekomme, mit dem ich Spitzenleistungen erzielen kann. Das bezieht sich nicht nur auf den Leistungssektor, sondern ebenso auch auf die Belange unserer Zucht in Bezug auf die Rassestandards.

Das Artverhalten (Arterhaltungstrieb) beinhaltet aber noch eine andere, sehr wichtige Funktion. Bei einem gesunden Gehirn des Hundes hat der

Arterhaltungstrieb die Aufgabe, den heranwachsenden Welpen zu beschützen. Bei Rivalenkämpfen wird es nie zu schwerwiegenden Verletzungen kommen, wenn sich der Mensch heraushält. Der Hund, bei dem keine Störung des Arterhaltungstriebes vorliegt, erkennt den schwächeren Hund, wenn dieser sich unterwirft und die Ergebenheitsstellung einnimmt. Er beendet dann seine Kampfhandlung, ohne den Rivalen ernsthaft zu verletzen.

Bei einem Hund, der eine Störung des Arterhaltungstriebes hat, fehlt diese Hemmschwelle, er würde den Artgenossen töten. Er ist auch nicht bereit, den Welpen zu beschützen, auch das junge schutzbedürftige Tier würde er töten. Alles, was sich noch bewegt, macht dieser Hund nieder. Ich glaube, dass diese Störung im Gehirn des Hundes einer Schizophrenie (Geisteskrankheit mit Spaltung der Vorstellungen) beim Menschen gleichkommt.

Befindet sich ein solcher Hund jedoch in der Hand eines sehr guten Hundeführers mit harter Hand, ist es möglich, dass dieser Hund jede Prüfung mit Auszeichnung besteht. Der Hundeführer bringt es auch fertig, den Hund so vorzubereiten, dass er sich bei der Unbefangenheitsprobe anfassen lässt. Bedingt durch seine Leistungen bei Prüfungen und bei der Körung, besticht er durch seine Freude am Kampf. Ist es auch noch ein schöner Hund, wird er auch in der Zucht verwendet. Es tritt dann das ein, was wir nicht wollen: Er festigt nicht die Zucht, sondern er beeinflusst sie negativ.

Hundehalter handeln verantwortungslos, wenn sie sich ein Tier halten, wie ich es eben beschrieben habe. Ein solcher Hund gefährdet die Gemeinschaft und bringt dem Halter nur Probleme. In den meisten Fällen ist dieser beschriebene Hund noch nervenschwach und reagiert aus diesem Grund auf Umwelteinflüsse mit unkontrolliertem Beißen. Der Laie bildet sich ein, er hätte einen starken Hund, tatsächlich aber verdeckt dieser Hund mit seiner unbegreiflichen Reaktion und Beißwut seine krankhafte Nervenschwäche.

Dieses Krankheitsbild kann man bei allen Hunderassen feststellen, auch bei Mischlingen. Bezüglich der Häufigkeit dieses Krankheitsbildes kann ich keine Aussage machen. Es ist mir aber bekannt, dass kein Rassehundeverein, der als Mitglied im VDH anerkannt ist, bisher vom Auftreten dieser Krankheit bei unserem Hund verschont wurde.

Ich habe den Eindruck, dass diese Krankheit in den letzten Jahren bei den so genannten Kampfhunderassen häufiger auftritt. Dies liegt aber nicht an den Züchtern, die auch ihrem Rassehundeverein gegenüber in der Verantwortung stehen. Ich glaube vielmehr, dass ein gewisser Personenkreis mit kranken und wild gezüchteten Hunden Geschäfte macht.

Auch der gesunde »Kampfhund« bereitet seinem Besitzer Freude und ist kein Störfaktor in unserer Gemeinschaft. Jede Rasse wird für einen bestimmten Zweck gezüchtet. Der Kampfhund ist über die Zucht mit kräftigerer Muskulatur und kräftigerem Fang ausgestattet. Einige Rassen sind auch noch größer und in ihr Fell passen sie, übertrieben gesagt, zweimal hinein. Wer sich also einen solchen Hund anschafft, sollte sicher sein, dass er körperlich dazu in der Lage ist mit einem solchen Tier umzugehen. Gerade Hunde, die um einiges schwerer werden als ein Schäferhund, sollte man im Welpenalter oft tragen. Wenn wir einen Welpen hochheben, können wir das im Gegensatz zum Muttertier, ohne dass er einen Druckschmerz verspürt. Dieses Hochheben übermittelt ihm unsere körperliche Überlegenheit, die auch der ausgewachsene Hund noch respektiert.

Von unseren Schutz- und Gebrauchshunderassen, die wir für unseren Sport erziehen und ausbilden, fordern wir, dass sie belastbar sind. Zur Belastbarkeit gehört Nervenfestigkeit, Unbefangenheit, Aufmerksamkeit, Selbstsicherheit. Dies sind auch die Forderungen, die von den Rassehundeverbänden laut Kör -und Zuchtordnungen an die Züchter gestellt werden. Kampfbereitschaft und Geruchssinn unserer Hunde sind in der Genkette eine feste Größe und zum Überleben wichtig, sonst würde es heute keinen Hund mehr geben.

Erinnern Sie sich an meine Erklärung, dass der Hund ein Räuber und Aasfresser ist? Wenn der Züchter es versteht, die Komponenten der Belastbarkeit unter Berücksichtigung der Vererbungslehre in seine Zucht einzubinden, wird auch der Erfolg nicht ausbleiben. Nur der nervenfeste, unbefangene, aufmerksame und selbstsichere Hund kann seine Kampfbereitschaft bei korrekter Erziehung und Ausbildung voll entfalten und zur Geltung bringen.

Gestatten Sie mir, dass ich an dieser Stelle einen Rückblick an die Zeit einbringe, in der ich als Lehrrichter für Leistungsbeurteilung in den Vereinigten Staaten von Nordamerika Schutzhundprüfungen richten und Seminare abhalten durfte. In dieser Zeit habe ich Hunderassen kennen gelernt, die ich nur aus Zeitschriften oder aus Filmen kannte. Es ist der Staffordshire Bull Terrier, von dem ich (und von zwei anderen Rassen, dem Rottweiler und dem Airedale-Terrier) zum Ende meiner Ausführungen noch Bilder einbringe. Diese Rassen habe ich dann später auch in Deutschland bei Prüfungen kennen gelernt und konnte feststellen, dass bezüglich ihres Wesens nichts zu beanstanden war.

Die verantwortungsbewussten Züchter unserer Rassehunde-Verbände sind bemüht, die Bestimmungen ihrer Zuchtordnung zu befolgen, denn nur so ist es möglich, Jungtiere in die menschliche Gemeinschaft zu integrieren und unsere Umwelt nicht durch kranke und unberechenbare Tiere zu belasten.

Dies sind zwei Staffordshire Bull Terrier die ihren Haltern, bedingt durch ihr gutes Wesen, schon viel Freude bereitet haben.

Diese Rottweiler Hündin ist ein mir bekannter wesensstarker Hund.

Die Airedale Terrier Hündin lebt in einer Familie, die noch eine Yorkshire Terrier Hündin ihr Eigen nennt.

Die Reizschwelle unseres Hundes

Die Reizschwellen unterliegen einer Einteilung von eins bis sechs. Mit dieser Einteilung soll es möglich sein, eine Bestimmung des Temperaments vorzunehmen. Der Hund mit der Reizschwelle sechs, also mit der höchsten Stufe, ist für die Arbeit zu träge. Seine Reaktionen zur Ausführung bestimmter Übungen wären zu langsam. Der Hund mit der mittleren Reizschwelle ist für die Arbeit und Ausbildung als Schutz- und Gebrauchshund am besten geeignet. Ich vermisse bei dieser Einteilung die Begriffe nervenfest, selbstsicher, unbefangen und aufmerksam. Die weiteren Ausführungen besagen dann noch, dass der Hund mit der niedrigsten Reizschwelle, also mit der eins, sich auch nicht für die Arbeit eignet.

Ich habe bereits erklärt, dass unser Hund nicht logisch und konstruktiv denken kann. In seinem Gehirn fehlt dieses Denkzentrum, das ihn hierzu befähigen könnte. Beim Menschen spricht man von motorischen Nerven und von somatischen Nerven. Die motorischen Nerven steuern die Bewegungen, sie melden Wärme, Kälte, Druck und Schmerzen. Die Bewegungen zum Beispiel, die ich ausführen will, kann ich durch meinen Willen beeinflussen. Der Hund kann das nicht. Die somatischen Nerven sind unabhängig vom Willen und regulieren den Herzschlag, die Atmung und die Verdauung. Das vegetative Nervensystem ist das Steuerzentrum der somatischen Nerven im Gehirn. Bei unserem Hund werden aber alle Reaktionen nach Eingang eines Signalreizes durch ein Sinnesorgan vom vegetativen Nervensystem, auch die des Bewegungsablaufes, ausgelöst.

Ein Beispiel soll Ihnen verdeutlichen, wie ich das meine. Hat ein Hund eine Ruhephase und liegt lang ausgestreckt auf der Erde, wird er nicht denken: »Jetzt stehe ich auf und kratze mich«. Der Anlass zum Kratzen ist der Juckreiz, der als Signalreiz zu verstehen ist, und das vegetative Nervenzentrum leitet nun den folgenden Bewegungsablauf ein.

Nach Voss und Herrlinger hat der Mensch bei zwei Quadratmeter Hautoberfläche durchschnittlich pro Quadratzentimeter 2 Nervenknoten die Wärme, 13 die Kälte, 25 die Druck, und 200 die Schmerzen weiterleiten. Entsprechende Informationen über den Hund gibt es leider nicht

Eine feststehende Tatsache ist aber, dass ein kleiner Hund die gleiche Anzahl Nervenenden auf seiner Fellhautoberfläche hat wie ein großer Hund. Wir müssen nur die Nerven, die für den Bewegungsablauf verantwortlich sind, mit einbeziehen. Stellen Sie sich nun vor, ein kleiner Hund hat 200 Nervenknoten pro Quadratzentimeter auf seiner Fellhautoberfläche. Seine Fellhautoberfläche ist aber um das Zehnfache kleiner als bei einem großen Hund. Dann hat der große Hund, weil seine Fellhaut um das Zehnfache größer ist, 200 Nervenknoten pro 10 Quadratzentimeter Fellhautoberfläche.

Dies ist eine Erklärung, warum ein großer Hund auch schmerzunempfindlicher ist. Das Gleiche gilt für die Nervenbahnen, die für den Bewegungsablauf verantwortlich sind. Sie sind länger, der Hund schwerer und aus diesem Grund ist er auch nicht so wendig wie der kleine Hund. Es kommen aber noch andere Faktoren hinzu, die das Temperament beeinflussen.

Unsere Wissenschaftler und Ingenieure haben ja aus der Natur gelernt. Ihnen ist es zu verdanken, dass wir heute in der Elektrotechnik und Elektronik mit flinken und trägen elektronischen Leitersystemen arbeiten können. Genauso müssen Sie sich das Nervenleitsystem beim Menschen und bei allen Tieren vorstellen.

Abhängig von der Leitfähigkeit elektrischer Impulse ist zum einen das Material und zum anderen der Querschnitt des Leitersystems. Umso feiner das Material und je weniger Widerstand es bietet, umso besser und schneller lassen sich in diesem Leitsystem elektrische Impulse weiterleiten. Denken Sie an einen Computer und seine elektronischen Bausteine. So ähnlich können Sie sich den Aufbau des Gehirns beim Menschen und bei unseren Hunden vorstellen. Die Unterschiede im direkten Vergleich sind aber noch gewaltiger. Ich möchte nur klarmachen, dass das Gehirn als kleines Kraftwerk zu sehen ist, das elektrische Impulse als Befehle über das Nervenleitsystem sendet, die dann vom Körper ausgeführt werden. Rückläufig erhält das Gehirn auf dem gleichen Weg von den Sinnesorganen Signale über die Ausführung und den Erfolg.

Dieses Nervenleitsystem kann träge, weniger träge, flink oder auch sehr flink sein und bestimmt bei einem gesunden Hund mit guter Nervenfestigkeit sein Temperament. Mit dieser Aussage habe ich versucht, die so genannten Reizschwellen zu erklären. Er muss aber auch unbefangen, aufmerksam und selbstsicher sein. Der sehr temperamentvolle Hund macht Fehler, weil er zu schnell reagiert. Es geht ihm nichts schnell genug und er kann nicht warten. Ihm geht es wie einem Sprinter mit kurzen Reaktionszeiten, der beim Start zu schnell reagiert und einen Fehlstart verursacht. Der mit wenig Temperament ausgestattete Hund hat ein träges Nervenleitsystem und führt die von ihm geforderten Übungen nur langsam aus. Seine Reaktionszeiten sind zu lang. Sie können das mit einem Kraftfahrer vergleichen, dessen Schrecksekunde zu lange ist. Wenn der Vordermann abbremsen muss, fährt er auf, weil er zu lange braucht, um auch sein Fahrzeug abzubremsen. Mit zu schnellen oder zu langsamen Hunden kann ich lediglich keine Spitzenleistungen bei Prüfungen erzielen.

Es ist wichtig zu erkennen, dass der Hund, der scheinbar mit viel Temperament ausgestattet ist, uns nicht täuscht. Sein lebhaftes Verhalten und Herumtänzeln kann auch eine nervlich bedingte Ursache haben. Der Laie kann das nicht sofort erkennen. Liegt eine Nervenschwäche vor, kann eine Situation eintreten, die zu einem Unfall führt, weil der Hund falsch reagiert.

Das Temperament eines Hundes kann aber auch durch die Haltung beeinflusst werden. Ich habe vor langer Zeit einen sehr gut angelegten und temperamentvollen Welpen kennen gelernt. Die Halter waren ein älteres Ehepaar und nicht mehr so schnell zu Fuß, wenn der Welpe ausgeführt wurde. Er hatte sich ganz auf das langsame Gehen der alten Leute eingestellt, und ich konnte machen was ich wollte, er ging langsam. Ich bin sicher, dass seine Trägheit nichts mit der Vererbung zu tun hatte.

Zum Schluss meiner Ausführungen weise ich nochmals darauf hin, dass die Zucht von Hunden, gleich welcher Rasse sie angehören, nur mit gesunden Tieren betrieben werden darf. Der Züchter sollte auch den Nachweis über das erforderliche Fachwissen der Vererbungslehre besitzen. Nicht nur der Rassestandard ist ausschlaggebende Voraussetzung für einen gesunden Hund, sondern ebenso gesundes Artverhalten (Arterhaltungstrieb), Belastbarkeit (nervenfest, selbstsicher, unbefangen und aufmerksam), sowie der für die Arterhaltung wichtige Geruchssinn, die Kampfbereitschaft und die übrigen Sinnesorgane. Ebenso muss großer Wert auf ein gesundes Skelett, gesunde innere Organe und gut ausgeprägte Muskulatur gelegt werden. Der Erkrankung der Hüfte, Hüftgelenkdysplasie (HD genannt), muss weiterhin große Aufmerksamkeit geschenkt werden. Ausmerzen lässt sich diese Erkrankung auch durch das vorgeschriebene Röntgen nicht. Wir werden immer wieder Rückschläge feststellen, denn das Röntgen einer Hüfte macht diese Erkrankung nicht dominant, und die Gene lassen sich nicht röntgen. Eine schärfere Auswahl bei den für die Zucht zur Verfügung stehenden Hunden sollte aber getroffen werden.

Betrachten Sie bitte dieses Buch nicht als eine wissenschaftliche Abhandlung. Es sind lediglich persönliche Erfahrungswerte, die ich während jahrzehntelanger Arbeit mit dem Hund gewonnen habe. Mein großer Wunsch ist es, das sie dem tierliebenden Hundehalter dabei helfen können, seine Arbeit noch besser und erfolgreicher zu gestalten.

Wichtige Adressen

Verbandsorganisationen des Gebrauchshundesports in Deutschland

Hier erhalten Sie weitere Informationen und die jeweils aktuellen Prüfungsordnungen der Vielseitigkeitsprüfungen für Gebrauchshunde (VPG 1 - 3) und Fährtenhundprüfung (FH).

Fédération Cynologique Internationale (FCI)
13, Place Albert 1er
B-6530 Thuin
Telefon: 0032/71591238
Fax: 0032/71592229
E-mail: info@fci.de

Verband für das Deutsche Hundewesen (VDH)
Postfach 10 41 54/Westfalendamm 174
D-44041 Dortmund
Telefon: 0231/565000
Fax: 0231/592440
E-mail: info@vdh.de
www.vdh.de

Deutscher Hundesportverband e.V. (dhv)
Gustav-Sybrecht-Straße 42
D-44536 Lünen
Telefon: 0231/878010
Fax: 0231/8780122
E-mail: info@dhv-hundesport.de
www.dhv-hundesport.de

Arbeitsgemeinschaft der Rassezuchtvereine und Gebrauchshundeverbände (AZG)
Kontakt Heidrun Behr im VDH

siehe Seite 122

Wichtige Adresssen

Deutscher Verband der Gebrauchs-
hundesportvereine e.V. (DVG)
Gustav-Sybrecht-Straße 42
D-44536 Lünen
Telefon: 0231/878010
Fax: 0231/8780122
E-mail: info@dvg-luenen.de
www.dvg-luenen.de

Südwestdeutscher Hundesportver-
band e.V. (swhv)
1. Vorsitzender Rainer Gerstlauer
Geranienstraße 8
D-73663 Bergen-Stöckenhof
Telefon/Fax: 07195/71881

Hundesportverband Rhein-Main e.V.
(HSVRM)
1. Vorsitzender Norbert Daum
Kreuzstraße 55
D-64331 Weiterstadt
Telefon: 06150/2113

Bayerischer Landesverband für
Hundesport e.V. (BLV)
Vize-Präsident Wolfgang Bleil
Ahornweg 33
D-95100 Selb
Telefon: 09287/965786
Fax: 09287/965789

Deutscher Sporthund-Verband e.V.
(DSV)
Geschäftsstelle Dieter Schaumann
Maastricher Str. 48
D-41464 Neuss
Telefon: 02131/980035

Schutz- und Gebrauchshunde -
Sportverband (SGSV)
2. Vorsitzender Wolfram Eif
Bäckergasse 3
D-99625 Kölleda
Telefon: 03635/482811
Fax: 03635/492564
E-mail: wolfram.Eif@t-online.de

Bundesverband Rettungshunde e.V.
(BRH)
Präsident Helmut Haller
Karpfenweg 5
D-63110 Rodgau
Telefon: 06106/61200
Telefax: 06106/645296

Wichtige Adresssen

Allgemeiner Deutscher Rottweiler-Klub e.V. (ADRK)
Postfach 40 02 33
D-32400 Minden
Telefon: 0571/504040
Fax: 0571/5040444
www.adrk.de

Bouvierfreunde e.V.
Ralf Berwanger
Aschenstedterstr. 13
D-27801 Dötlingen
Telefon/Fax: 04433/918602

Deutscher Bouvier-Club von 1977 e.V. (DBC)
Gisela Termöhlen
Akazienstr. 23/0
D-58322 Schwelm
Telefon/Fax: 02336/16608

Dobermann-Verein e.V. (DV)
Thorwaldstraße 29
D-80335 München
Telefon: 089/1234224
Fax: 089/1234917
www.dobermann.de

Internationaler Boxer-Club e.V. (IBC)
Norbert Kamp
An der Meer 36
D-41372 Niederkrüchten
Telefon: 02163/31379
Fax: 02163/579775
www.ibc-boxerclub.de

Boxer-Klub e.V. (BK)
Veldener Straße 64 und 66
D-81241 München
Telefon: 089/5467080
www.bk-muenchen.de

Pinscher-Schnauzer-Klub e.V. (PSK)
Barmer Straße 80
D-42899 Remscheid
Telefon: 02191/54042
Fax: 02191/55399
www.psk-pinscher-schnauzer.de

Klub für Terrier e.V. (KfT)
Schöne Aussicht 9
D-65451 Kelsterbach
Telefon: 06107/75790
www.kft-online.de

Howawart-Club e.V.
Petra Biallas
Auf der Bochumer Landwehr 31
D-44791 Bochum
Telefon: 0234/9508098

Hovawart-Zuchtgemeinschaft Deutschland e.V.
Peter-Michael Haase
Elferhäuser Str. 24
D-13589 Berlin
Telefon: 030/52534
www.hovawart-online.de

Wichtige Adresssen

Rassezuchtverein für Hovawart Hunde e.V. (RZVH)
Gabriele Radojewski
Wiesenstraße 7 a
D-46117 Oberhausen
Telefon: 0208/811160
www.hovawart.org

Deutscher Malinois Club e.V. (DMC)
Ingrid Schweiß
St. Michaelstraße 21
D-53894 Mechernich
Telefon: 02443/310743
Fax: 02443/310749
www.mechelaar.de

Verein für Deutsche Schäferhunde e.V. (SV)
Clemens Lux
Steinerne Furt 71/71a
D-86167 Augsburg
Telefon: 0821/740020
www.schaeferhunde.de

Belgische Schäferhunde Berlin e.V.
Martina Pries
Hindenburgstr. 28
D-23684 Pönitz
Telefon: 04524/703322
www.bsbev.de

Berger des Pyrenées Deutschland e.V.
Inge Frohn-Podacker
Heidhauser Str. 239
D-45239 Essen
TelefoN. 0201/407068

Club Berger des Pyrenées 1983 e.V.
Udo Kopernik
Büllesfeld 2a
D-53773 Hennef
Telefon: 02248/912551
Fax: 02248/912553
www.vdh.de/vereine/cbp/

Deutscher Klub für Belgische Schäferhunde e.V.
Josef Schaller
Brunnenplatz 5
D-88276 Berg
Telefon: 0751/43170 Fax: 0751/53041
222.dkbs.de

Zum weiterlesen

Dr. Friedmar Krautwurst - Praktische Genetik für Hundezüchter
Auf dem aktuellen Wissensstand und aus der Feder eines kompetenten Fachmannes ein auch für den Laien verständliches, aber dennoch detailliertes Fachbuch über die Prinzipien der Vererbung.
208 Seiten, zahlr. Farbfotos und Tabellen. ISBN 3-933228-52-2, Euro 30,-- (D)

Konrad Most - Die Abrichtung des Hundes
Einer der Pioniere des Gebrauchshundesports hat hier das auflagenstärkste Werk zum Thema geschrieben.
234 Seiten, 85 Abbildungen. ISBN 3-924008-26-4, Euro 21,50 (D)

Sheila Rankin - Das grosse Buch vom Deutschen Schäferhund
Eine Fülle von Fragen über Anatomie und Wesen dieser Rasse finden hier ihre Antwort. Nach dem Klassiker Rittmeister von Stephanitz ein neues Buch, das die Rasse positiv prägen und lenken wird.
257 Seiten, zahlr. Farbfotos. ISBN 3-929545-41-1, Euro 35,-- (D)

Dr. Gerhard Schüler - Das grosse Dobermann Buch
Der Leser findet alle wesentlichen Fragen beantwortet über Welpenkauf, Sozialisierung, Erziehung, Ausstellungen, Genetik, Zucht, Ernährung und Krankheiten.
206 Seiten, zahlr. Farbfotos. ISBN 3-929545-68-3, Euro 35,-- (D)

Andrew Brace - Das grosse Rottweiler Buch
14 Kenner der Rasse unter dem Herausgeber Andrew Brace haben dieses umfassende Buch geschaffen. Weltweit gilt es als Standardwerk für die Rasse.
286 Seiten, zahlr. Farbfotos. ISBN 3-929545-34-9, Euro 35,-- (D)

Janet Huxley - Airedale Terrier - Heute
Liebevoll, aber dennoch kritisch und umfassend wird die Rasse vorgestellt. Mit Kapiteln zur Rassegeschichte, Eignung und Verwendung, Zucht, Ausstellungsgeschehen, Haltung, Fütterung, rassespezifische Krankheiten usw.
176 Seiten, zahlr. Farbfotos. ISBN 3-933228-28-X, Euro 26,-- (D)

Deborah Fleming - Belgische Schäferhunde - Heute
Laekenois, Malinois, Groenendael und Tervueren - dieses Buch stellt Belgische Schäferhunde in ihrer gesamten Vielfalt vor, erklärt alles, was man wissen muss.
176 Seiten, zahlr. Farbfotos. ISBN 3-933228-49-2, Euro 26,-- (D)

KYNOS VERLAG Dr. Dieter Fleig GmbH • D-54570 Mürlenbach

Zum Weiterlesen

Eberhard Trumler - Das Jahr des Hundes
Ein Jahr im Leben einer Hundefamilie
Das großartigste Buch des bekannten Verhaltensforschers. Es ging ihm darum, die Entwicklung von Welpen, die ein Hundeelternpaar in einem weiträumigen Freigehege aufzog, ein Jahr lang mit Wort und Bild zu begleiten. Anhand dieses Buches kann mühelos jeder Hundebesitzer natürliche Lernfähigkeit, Bereitschaft zur Erziehung und sinnvolle Erziehungsmethoden entwickeln. Ein zeitloses Dokument der Ethologie und Wegweiser für Aufzucht und Haltung des eigenen Hundes.
224 Seiten, 168 Farbfotos. ISBN 3-924008-11-6, Euro 34,-- (D)

Eberhard Trumler - Mensch und Hund
Das Leitwort des Autors: *Erziehung ist alles - Dressur ist nichts!* Im Mittelpunkt seiner Arbeit steht vor allem der Welpe, dessen hohe Lernfähigkeit in früher Jugend. Das Buch dokumentiert Forschungsergebnisse der Haustierbiologischen Station Wolfswinkel.
148 Seiten, Originalfotos des Autors. ISBN 3-924008-44-2, Euro 21,50 (D)

Eberhard Trumler - Der schwierige Hund
Trumler befasst sich ausführlich mit Problemen wie Aggression, Angst, Wesensschwäche, Kläffen, Zwingerhaltung, Stubenreinheit, Weglaufen, Zerstörungen, Streunen, Kotfressen, Wasserscheu ... sie alle werden ausführlich erläutert und Lösungsmöglichkeiten aufgezeigt. Am wichtigsten: *Der kluge Ungehorsam!* Und wo endet das Buch: *Beim schwierigen Menschen!* Sehr empfehlenswert!
206 Seiten, 46 Fotos. ISBN 3-924008-14-0, Euro 18,50 (D)

Eberhard Trumler - Ein Hund wird geboren
Dieses Buch dokumentiert das vom Menschen unverfälschte Paarungs- und Aufzuchtverhalten der Hunde.
176 Seiten, 117 Fotos. ISBN 3-924008-21-3, Euro 18,50 (D)

Erika Trumler u.a. - Von Hunden und Pferden
Leben und Wirken von Eberhard Trumler
Trumler, Schüler von Konrad Lorenz und Autor zahlreicher Bücher über Hunde und Pferde, war eine Ausnahmeerscheinung und beinahe so etwas wie ein Universalgenie. Zu seinen 10-jährigen Todestag haben seine Frau, Freunde und ein hochkarätiges Team von wissenschaftlichen Kollegen und Wegbegleitern ihre Erinneringen an einen Menschen zusammengetragen, der in jeder Hinsicht außergwöhnlich war.
142 Seiten, zahlr. Fotos und Abbildungen. ISBN 3-933228-35-2, Euro 34,-- (D)

KYNOS VERLAG Dr. Dieter Fleig GmbH • D-54570 Mürlenbach